CORDULA NUSSBAUM

ZEITMANAGEMENT

Mein Übungsbuch für mehr Zeit & Lebensqualität

DIE GU-QUALITÄTSGARANTIE

Wir möchten Ihnen mit den Informationen und Anregungen in diesem Buch das Leben erleichtern und Sie inspirieren, Neues auszuprobieren. Bei jedem unserer Produkte achten wir auf Aktualität und stellen höchste Ansprüche an Inhalt, Optik und Ausstattung. Alle Informationen werden von unseren Autoren und unserer Fachredaktion sorgfältig ausgewählt und mehrfach geprüft. Deshalb bieten wir Ihnen eine 100 %ige Qualitätsgarantie.

Darauf können Sie sich verlassen:
Wir legen Wert darauf, dass unsere Gesundheits- und Lebenshilfebücher ganzheitlichen Rat geben. Wir garantieren, dass:
- alle Übungen und Anleitungen in der Praxis geprüft und
- unsere Autoren echte Experten mit langjähriger Erfahrung sind.

Wir möchten für Sie immer besser werden:
Sollten wir mit diesem Buch Ihre Erwartungen nicht erfüllen, lassen Sie es uns bitte wissen! Wir tauschen Ihr Buch jederzeit gegen ein gleichwertiges zum gleichen oder ähnlichen Thema um. Nehmen Sie einfach Kontakt zu unserem Leserservice auf. Die Kontaktdaten unseres Leserservice finden Sie am Ende dieses Buches.

GRÄFE UND UNZER VERLAG. *Der erste Ratgeberverlag – seit 1722.*

KGS

INTENSITÄTSGRADE DER ÜBUNGEN

- ★☆☆ leicht, geht ruckzuck
- ★★☆ mittelschwer, dauert nicht so lange
- ★★★ anspruchsvoll, benötigt etwas mehr Zeit

startklar!

BEVOR ES LOSGEHT

Fragst du dich auch oft, warum du am Ende des Tages völlig außer Atem noch vor tausend unerledigten Aufgaben stehst?

Die Antwort darauf ist nicht so einfach. Denn die Gründe für »Zeitmangel« sind so verschieden wie jeder von uns. Es gibt auch keine 08/15-Lösung, um Zeitprobleme in den Griff zu bekommen. Das hört sich erst einmal unbefriedigend an, aber wenn du genau hinschaust, ist das Gegenteil der Fall: Denn du kannst deine Zeitmangelprobleme nur dann schnell lösen, wenn du siehst, was dir eigentlich fehlt. Schon auf der nächsten Seite geht es los mit Übungen und Anregungen, die dich Stück für Stück näher zu deinen Lösungen bringen, dir »mehr« Zeit schenken und dich aus der Stressspirale lösen.

Als dein Coach werde ich dich mit dieser kleinen, feinen Sammlung an Impulsen so unterstützen, dass du deine Lösungsideen einfach selbst entdecken wirst. Du findest hier also keine Tipps, was du ab sofort tun solltest oder könntest, – einverstanden? Stattdessen bekommst du jede Menge Anregungen, die dich ins Tun bringen. Und zwar schnell, ohne theoretisches Brimborium, dabei aber immer höchst effektiv.

Nutze dieses Buch zum Reinschreiben, Malen und um darin zu arbeiten, jetzt sofort und überall, wo du eben willst. Halte darin alles fest, was dir durch den Kopf schießt. Alles, was du notierst, ist wichtig. So bekommst du die Klarheit, wo du für dich etwas ändern kannst, um so mehr Zeit für all das zu haben, was dir am Herzen liegt. Hüte dein Buch wie deinen Schatz und freue dich über deinen neuen Freund – deine Zeit.

C. Nußbaum

WOZU EIN »ZEITMANAGEMENT«?

Viele Menschen glauben, »man brauche heutzutage einfach ein gutes Zeitmanagement*«. Aber »man« braucht gar nichts. Denn wenn du mit deinem Leben und deinen Aufgaben im Alltag gut klarkommst, dann brauchst du an deiner Selbstorganisation doch nichts zu ändern. Warum auch? Nur wenn du dir von einer Änderung einen klaren Gewinn für dein Leben versprichst, dann ist Zeitmanagement für dich ein lohnendes Thema.
Also, wie schaut es aus bei dir?

- ***Warum möchte ich an meinem Alltag etwas ändern?***

(Mögliche Antworten: Ich habe das Gefühl, nur noch zu funktionieren, schaffe nicht mehr das, was ich schaffen will, bin müde ...)

- ***Wie viel »mehr« Zeit (zur freien Verfügung) wünsche ich mir pro Tag und pro Woche?***

- ***Was mache ich mit und in dieser Zeit?***

Nice to know!

* ZEITMANAGEMENT

Dir und mir ist natürlich klar, dass der Begriff »Zeitmanagement« eigentlich völlig falsch ist. Wir können Zeit nicht managen. Denn die Sekunden, Minuten und Stunden vergehen – ob wir es wollen oder nicht. Was wir aber machen können, ist, den Umgang mit uns selbst und unseren Aufgaben zu überdenken und so zu verändern, dass wir uns Freiräume schaffen für das, was uns wichtig ist.

Wie äußert sich ein neuer Umgang mit meinen Aufgaben?

(Mögliche Antworten: Ich bin besser gelaunt, Rückenschmerzen sind weg, habe mehr Zeit für die Kinder ...)

Wer könnte meine Bemühungen boykottieren? Was kann ich dann tun?

Wer wird meine Veränderungen unterstützen?

Wenn du die »geschenkte« Zeit in deinem Sinne nutzt, welche Veränderungen werden in deinem Umfeld (Kollegen, Familie ...) zu erleben sein?

(Mögliche Antworten: Die Kinder sind nicht mehr so quengelig, mein Mann ist besser drauf, Kollegin XY übernimmt mehr Aufgaben und wird von Tag zu Tag selbstbewusster ...)

Nice to know!

ZUTATEN FÜR EIN ERFÜLLTES LEBEN

Jeder der genannten Ansätze leistet seinen Beitrag zu einem erfüllten Leben. Berücksichtige bei deinem neuen Umgang mit der Zeit deshalb jeden dieser Aspekte. Gehe dabei von dir und deinen Talenten aus – das ist die beste Basis, die du dir gönnen kannst. Effizient zu sein ist lediglich das Sahnehäubchen, das in Maßen genossen zum entspannten Tun beiträgt.

DIE ZEITMANAGEMENT-TORTE

Die Einstellung zum Thema »Zeit« und die Methoden des Zeitmanagements haben sich im Lauf der Zeit stark verändert. Oftmals durchlaufen wir in unserer persönlichen Organisation die gleichen Etappen: Erst wollen wir effizienter sein, dann besinnen wir uns auf unsere Prioritäten, schließlich auf den Sinn unseres Tuns und dann auf die Vereinbarkeit mit unserer Persönlichkeit.
So entsteht eine »Zeitmanagement-Torte« aus verschiedenen Schichten und Sahnehäubchen:

- Schneller, höher, weiter – Effizienz!

Lange galt es als Optimum, in seinem Job vor allem effizienter zu arbeiten. Ein hohes Arbeitstempo war das Ziel. Die zentrale Frage war:
»Wie schaffe ich mehr in der gleichen Zeit?«

- Planung ist alles ...

Dann kam die Haltung auf, man müsse einfach nur gut genug planen, dann schaffe man alles. Jetzt hieß es:
»Wie plane ich so, dass ich eine ›goldene Stunde‹ pro Tag gewinne?«
Die Antwort lautete: »Mit der richtigen Planungstechnik wird Ihr Leben besser!«

- ... oder doch eher persönliche Prioritäten?

Doch Effizienz und Planung führen nicht zu langfristigem Erfolg. Zwar steigt der Output, doch kaum einer sagt: »Ich lebe ein erfülltes Leben!« Deshalb hieß es etwas später: »Konzentration auf das Wesentliche.« Dabei geht es um die Fragen:

- ***Was will ich mit einer Tätigkeit erreichen?***
- ***Welches ist mein Ziel?***
- ***Wie kann ich es mit einem gesunden Energieaufwand erreichen?***
- ***Tue ich eigentlich das Richtige?***

Auf Sinn und Werte kommt es an

Heute streben die meisten Menschen in ihrem Leben nicht nur danach, materielle oder unternehmerische »harte« Ziele zu erreichen. Wir wollen mit dem, was wir tun, Sinn erfahren. Die Fragen hierzu sind:

- ***Wann ist mein Leben erfüllt?***
- ***Wann fühle ich mich glücklich?***
- ***Welchen Sinn soll es gehabt haben, auf dieser Welt zu sein?***

Meine Talente, mein Potenzial

Am leichtesten und stressfrei erreichen wir das, was wir erreichen wollen, wenn wir unsere Stärken und Talente einsetzen können. Die zentrale Frage lautet daher:

- ***Was habe ich/kann ich schon, um mein Ziel zu erreichen?***

Eine der wichtigsten Ressourcen schlummert in uns selbst – unsere Talente. Ein gesundes Selbstmanagement baut auf diesen Potenzialen auf.

An welcher Tortenschicht willst du momentan am liebsten »naschen« und mit welchem Ansatz dein Selbstmanagement verbessern?
Male diese aus:

Effizienz erhöhen
Planen
Meine Prioritäten
Lebenssinn und Werte
Meine Talente

Los geht's!

TU'S JETZT!

Im Laufe deines Tages fallen eine Menge Jobs an, die du in weniger als vier Minuten Zeitaufwand erledigen kannst. Überlege kurz und notiere dir all diese Minijobs. Oder stoppe bestimmte Tätigkeiten, wie lange du tatsächlich dafür brauchst. Gerade bei unliebsamen Aufgaben überschätzen wir den Aufwand häufig – und schieben diese auf.

Diese Vier-Minuten-Jobs fallen bei mir an:

Erledige diese Vier-Minuten-Jobs SOFORT, wenn sie auftauchen. Dann sind sie auch gleich erledigt und weg und du kannst dir lobend auf die Schulter klopfen.

BLITZLICHT AUF DEINEN ALLTAG

Jeder Mensch ist anders. Und so empfindest du auch andere Dinge als stressig oder als Zeitverschwendung und willst mit (d)einem guten Zeitmanagement andere Dinge in deinem Alltag verändern. Deshalb lohnt es sich genau hinzuschauen, wie das genau bei dir ist.

Wovon willst du weniger, wovon mehr?

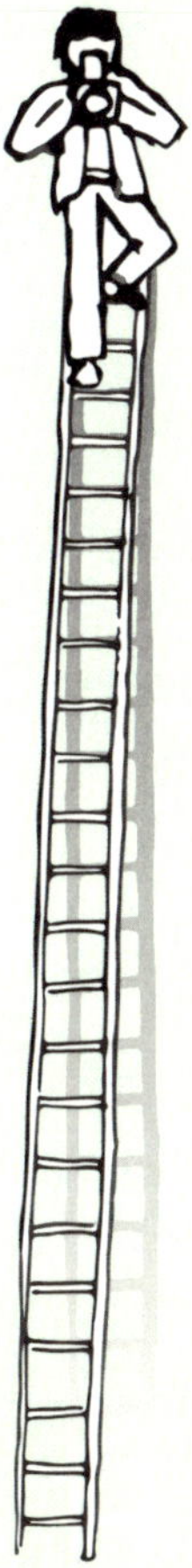

In welchen Situationen fühle ich mich immer (negativ) gestresst?

›
›

Was raubt mir derzeit die meiste Zeit oder die meisten Nerven?

›
›

Womit vertrödele ich einen Großteil meiner Zeit und ärgere mich darüber?

›
›

Was kommt derzeit zu kurz?

›
›

Was kann ich sofort tun, damit sich bei den von mir notierten Punkten in Zukunft zumindest ein bisschen etwas ändert?

›
›

LEAVE IT, CHANGE IT OR LOVE IT!

Frage dich in Situationen, die dir nicht gefallen, die dir wertvolle Zeit oder Energie rauben, welche der drei Lösungen helfen könnte: ***»Leave it, change it or love it!« (zu Deutsch: »Lass es, ändere es oder lerne, es zu lieben!«)***

Folgende Situationen, Aktivitäten oder Menschen werde ich »verlassen« und dafür Folgendes tun:
(Denke an Zeitfresser wie Werbepost öffnen und wegwerfen, Vereinssitzungen etc. und notiere sofort wirksame Gegenmaßnahmen wie »aus Verteiler streichen lassen«, »Mitgliedschaft kündigen«.)

Bei folgenden Situationen, Aktivitäten oder im Umgang mit anderen werde ich etwas ändern, und zwar dies:

Auf folgende Situationen, Aktivitäten oder Menschen werde ich mich künftig einfach einlassen und sie annehmen, wie sie sind (»love it«):

LUST AUF PLAN B, C ODER D?

Wir dürfen heute weg von starren Plänen und dem Anspruch, nur weil es auf einer Liste steht, muss es auch getan werden. Die Herausforderung in unserem modernen Alltag besteht darin, flexibel mit neu auftauchenden To-Dos umzugehen – ohne sich dabei hetzen zu lassen. Für die sogenannten kreativ-chaotischen Talenttypen (siehe Seite 17) ist das eine super Botschaft. Denn flexibel die Tage gestalten ist das, was sie am liebsten tun. Für Systematiker (siehe Seite 16) liegt hier dagegen eine große Herausforderung. Denn am liebsten wollen sie eng planen – und sich daran halten.

Ist dein Alltag entsprechend planbar – dann mache deine Pläne. Ist er jedoch sehr schnell, abwechslungsreich und die Dinge kommen in der Regel überraschend, dann gilt: Weniger Planung ist mehr!

Wie sieht mein beruflicher Alltag aus?

- [ ] sehr gut planbar
- [ ] wenig bis gar nicht planbar

Wie sieht mein privater Alltag aus?

- [ ] sehr gut planbar
- [ ] wenig bis gar nicht planbar

Was für ein Planertyp bin ich?

- [ ] Ich plane gerne und will mich auch an meine Pläne halten.
- [ ] Ich plane nicht gerne und will lieber offen für die Ereignisse des Tages sein.

Wer bin ich?

WELCHER ZEITMANAGEMENT-TYP BIN ICH?

Brauchst du das kreative Chaos um dich herum, um zu Höchstform aufzulaufen? Oder arbeitest du nur zielstrebig und effektiv, wenn um dich herum Ordnung herrscht? Finde heraus, welcher Organisationstyp du bist und was das für dein Zeitmanagement bedeutet.

Wenn ich andere über etwas informiere, dann ist es mir wichtig,

- ▭ detaillierte Informationen und Fakten weiterzugeben,
- ◇ in groben Zügen einen Überblick zu vermitteln,
- ○ gleich die Meinung des anderen dazu zu hören,
- ▯ vor allem die nächsten Schritte sowie einen konkreten Zeit- und Maßnahmenplan zu nennen.

Wenn ich ein Projekt oder eine Arbeit plane,

- ▭ tue ich das eher in groben Zügen,
- ◇ erstelle ich einen Zeitplan mit Milestones und Deadlines,
- ○ besorge ich mir zunächst alle verfügbaren Informationen, die Einfluss auf die Arbeit haben könnten,
- ▯ bespreche ich das Vorgehen am liebsten mit anderen, um im Team eine Lösung zu finden.

Im Umgang mit anderen bin ich eher

- ▭ feinfühlig,
- ◇ logisch,
- ○ pragmatisch,
- ▯ idealistisch.

Wenn ich von Erlebnissen oder anderen Menschen erzähle,

nenne ich meist Zahlen und Fakten,

schildere ich eher Gefühle oder Sinneseindrücke,

male ich Entwicklungen, Visionen und Erwartungen aus,

betone ich Qualität und Solidität.

Wenn ich private Termine oder Verabredungen habe, dann komme ich in der Regel

zu früh,

pünktlich,

höchstens ein paar Minuten zu spät,

zu spät.

Wenn ich aufräume oder Unterlagen sortiere,

achte ich auf Reihenfolge und Platz der Dinge,

ist »fertig werden« wichtiger als Genauigkeit,

achtest ich darauf, dass auch andere mit dieser Ordnung klar kommen,

dann folge ich logischen Kriterien.

Ich lebe am liebsten

- □ spontan,
- ◇ rational,
- ○ organisiert,
- ▯ emotional.

Wenn ich bei wichtigen Dingen eine Entscheidung treffe, dann

- □ habe ich ein Gesamtkonzept im Auge,
- ◇ sammele ich Fakten, wäge ab und denke gründlich nach,
- ○ handele ich oft spontan, aus dem Bauch heraus,
- ▯ erstelle ich mir eine Entscheidungmatrix.

Wenn ich an einen fremden Ort fahre,

- □ sollte mir jemand Schritt für Schritt den genauen Weg erklären oder aufschreiben,
- ◇ vertraue ich auf mein Navigationssystem,
- ○ soll mich jemand unterwegs via Handy lotsen,
- ▯ suche ich die grobe Richtung raus und fahre drauflos.

Wenn ich Arbeitsanweisungen erhalte, wünsche ich mir

- □ einen groben Erwartungsrahmen und die Freiheit, selbst zu entscheiden, wie ich diese Ziele erreiche,
- ◇ präzise Angaben und übersichtliche Fakten sowie konkrete Messgrößen für das zu erreichende Ziel,

○ einen konkreten Zeit- und Maßnahmenplan, den ich abarbeiten kann, gerne auch Checklisten,

▯ jederzeit die Möglichkeit für Rückfragen.

Wenn andere Menschen mir etwas erzählen,

▭ fällt es mir leicht, aus Mimik und Stimme Botschaften zu entschlüsseln und ihre Gedanken zu interpretieren,

◇ frage ich mich sofort, ob das tiefgehend recherchiert ist,

○ prüfe ich sofort, ob es machbar ist,

▯ suche ich, was daran visionär und fantasievoll ist.

Welche Tätigkeiten liebe ich?

▭ Projekte kontrollieren,

◇ Veränderungen anstoßen,

○ mit Menschen zu tun haben,

▯ Routinetätigkeiten.

Bitte zähle zusammen, wie viele ▭ ◇ ○ ▯ du jeweils angekreuzt hast:

▭ : ________ ◇ : ________ ○ : ________ ▯ : ________

Überwiegend □: Dr. Annalyse Logisch

Du zählst eher zu den Logikern und liebst es, mit Zahlen, Daten und Fakten zu arbeiten. Mit Sicherheit kennst du deine exakten Kontostände, hast eine klare Ausdrucksweise, legst Wert auf Details und lehnst uneffiziente Zeit- oder Geldverschwendung ab. Du neigst dazu, Einzelschritte deiner Aufgaben exakt zu benennen und entsprechend zu timen. Unpünktlichkeit und Unvorhergesehenes sind dir ein wahres Gräuel.
Fühlst du dich zurzeit sehr gestresst? Dann kann ein Grund dafür sein, dass deine Art, das Leben, Aufgaben und Termine zu planen, nicht so gut umsetzbar ist. Und so kämpfst du gegen Windflügel ... Denn ein Leben ist einfach kein exakt zu programmierendes Gebilde, unlogische und gefühlsgeladene Situationen sind dagegen die Regel.

Coaching-Tipp: Erkenne, wann logisches Vorgehen gefragt ist und dich weiterbringt. Besprich neue Rollenverteilungen und übernimm die Aufgaben, in denen du mit deinen Talenten punkten kannst. Lerne, dass das Kümmern um weniger Details deinen Alltag deutlich entzerren kann. Nimm die Dinge lockerer. Lebe, anstatt alles kontrollieren zu wollen.

Überwiegend ◇: Ottmar Ordentlich

Du zählst eher zu den Ordnern, lebst gerne in einer aufgeräumten Umgebung und weißt gerne die Dinge an ihrem Platz. Strukturierte Tagesabläufe liegen dir, du planst gerne, arbeitest mit Checklisten und vertraust auf Bewährtes. Unvorhergesehenes hingegen wirft dich leicht aus der Bahn.
Bist du gerade sehr gestresst? Im heutigen Alltag kommt es einfach häufig zu Zwischenfällen. Trotzdem kämpfst du mit hohem Energieeinsatz darum, dass vereinbarte Termine wirklich – und pünktlich – eingehalten werden. Du organisierst den perfekten Tagesablauf – und doch kommt alles anders als geplant.

Coaching-Tipp: Unser Alltag lässt sich nicht perfekt planen, zu viele Unsicherheiten werden ihn immer wieder durcheinanderwirbeln. Baue Stress ab, indem du die Messlatte auf ein gesundes Maß senkst. Schaffe dir mehr unverplante Freiräume.

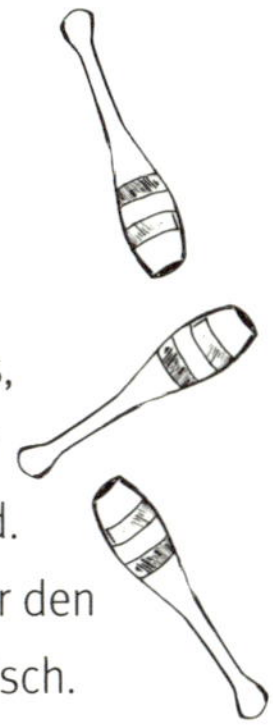

Überwiegend ○: Igor Ideenreich

Du zählst von deinen Talenten her eher zu den kreativen Chaoten, liebst es, spontan in den Tag hineinzuleben, und bist häufig auf den letzten Drücker unterwegs, weil dir in letzter Sekunde noch wichtige Dinge eingefallen sind. Deshalb kommst du auch häufig zu spät und eckst damit an. Du liebst eher den Überblick als das Detail. Deine Lebenshaltung ist eher locker und optimistisch. Fühlst du dich zur Zeit sehr gestresst? Es kann sein, dass das Leben von dir mehr strukturiertes Verhalten verlangt. Das geht mit (regelmäßigen) Verpflichtungen an und endet bei der Menge an Aufgaben, die mit Zeit und Alter oft exponenziell ansteigen.

Coaching-Tipp: Finde eine neue Balance zwischen wirklich nötigen Strukturen und deinen persönlichen Bedürfnissen nach Freiheit und Spontaneität. Mache trotzdem dein Ding – ohne schlechtes Gewissen.

Überwiegend □: Hanny Herzlich

Du zählst auch eher zu den kreativen Chaoten mit Tendenz zum Unterstützer. Herzlich und einfühlsam, fühlst du schnell, wenn es anderen nicht gut geht, und unterstützt, wo du nur kannst. Harmonie und eine gute Beziehung zu anderen sind dir wichtig. Du bist emotional und handelst nach deinem Bauchgefühl. Fühlst du dich zurzeit sehr gestresst? Vielleicht gibst du mehr an Einsatz und Energie für andere, als dir guttut. Da für dich das Wohlbefinden anderer vor deinen Bedürfnissen (kennst du das Wort überhaupt?) kommt, gehst du vermutlich viel zu häufig über die eigenen Grenzen – und das laugt aus.

Coaching-Tipp: Gerade aufgrund deiner Empathie und Hilfsbereitschaft darfst du lernen, deine eigenen Bedürfnisse zu erkennen und auszusprechen. Lerne, Grenzen zu setzen und »Nein« zu sagen. Binde auch die Familie und Kollegen in die Pflichten mit ein und tanke in Auszeiten wieder auf.

DAS RAD NICHT MEHR NEU ERFINDEN

Besonders die kreativ-chaotischen Talenttypen (Igor und Hanny, siehe Seite 17) sind anfällig dafür, alles immer gerne neu erfinden zu wollen. Hast du alle Zeit der Welt, dann ist das super und beflügelt dich. Ist es aber gerade echt eng in deinem Alltag, dann kannst du dir mit Checklisten das Leben erheblich erleichtern. Beantworte dazu folgende Fragen:

Wo könnten mir Checklisten das Leben erleichtern?

Für welche Arbeitsabläufe werde ich eine Checkliste erstellen?

Wann werde ich das tun?

Bei welchen Arbeitsabläufen werde ich mich auch daran halten, weil ich meine wertvolle Lebenszeit derzeit lieber für andere spannende Projekte investieren will?

Nice to know!

ZEIT ZUM ABHAKEN

Systematisch-analytisch geprägte Menschen lieben Listen. Sie erstellen sie gerne und halten sich auch gerne daran. Kreativ-chaotische Querdenker machen das auch – aber halten sich nicht daran. Doch es geht in vielen Fällen schneller, eine Checkliste abzuarbeiten. Mache Checklisten nicht perfekt. Gut ist gut genug!

Nice to know!

ALLE VÖGEL …

Lerchen (Morgenmenschen) sind ganz früh topfit. Für sie ist der Tipp: »Starten Sie jeden Tag mit einer wichtigen Aufgabe!« perfekt geeignet, weil jetzt ihr Leistungshoch ist. Für Eulen (Nachtmenschen) ist das völlig unbrauchbar, weil sie da nicht fit und konzentriert sind. Sie haben ihr erstes Tageshoch meist gegen 11 Uhr vormittags und ein weiteres gegen 17 Uhr nachmittags. Versuche deine Zeitinseln für konzentriertes Arbeiten auf deine Hoch-Zeiten zu legen.

RHYTHM IS IT!

Oft versuchen wir einfach alles schneller zu erledigen, um mehr zu schaffen. Doch wenn du gegen deinen persönlichen Biorhythmus agierst, dann kannst du dich unglaublich anstrengen, um schneller zu sein – unterm Strich sparst du aber gewiss keine Zeit. Im Gegenteil!
Finde deshalb deinen eigenen Rhythmus heraus und versuche so oft wie möglich wichtige Aufgaben, bei denen du dich konzentrieren musst, auf dein persönliches Leistungs- und Kreativitätshoch zu legen.

Wann wachst du im Urlaub – wenn du schon ein bisschen erholt bist ganz von alleine auf?

_ _

Wann gehst du am liebsten ins Bett, wenn du nicht am nächsten Tag rausmusst?

_ _

Wann bist du am produktivsten, wann schlapp?

_ _

★★★

Mach doch!

SOFORT-AKTION: DAS PARETO-PRINZIP

Der italienische Wirtschaftswissenschaftler Vilfredo Pareto (1848–1923) untersuchte die Verteilung des Volksvermögens in Italien und fand heraus, dass sich zirka 80 Prozent davon im Besitz von zirka 20 Prozent der Familien befand. Joseph M. Juran (1904–2008), ein Nestor des Qualitätsmanagements, formulierte dieses Prinzip allgemeiner und münzte es auf das Zeitmanagement um: Demnach erreichen wir mit einem 20-prozentigen Zeiteinsatz bereits 80 Prozent eines möglichen Ergebnisses. Dann frickeln wir aber noch häufig weitere 80 Prozent unserer Zeit daran herum – das Ergebnis wird aber nur minimal besser.

Die spannenden Fragen lauten nun:

- In welchen Bereichen in deinem Alltag ist ein 80-Prozent-Ergebnis völlig ausreichend?
- Ist das so, weil die anderen die »20 Prozent mehr« ohnedies nicht bemerken?
- Oder weil es ihnen völlig egal ist?

Oder denke mal an dieses Beispiel:

- Brauche ich in einer Power-Point-Präsentation tatsächlich auf jeder Seite ein Bild?
- Muss ich der Gebühreneinzugszentrale tatsächlich einen Brief am PC schreiben mit meiner neuen Kontoverbindung oder reicht eine handschriftliche Notiz auf deren Anschreiben völlig aus?

Und jetzt du: Bei welchen KONKRETEN Tätigkeiten ist ein 80-prozentiges Ergebnis für dich völlig in Ordnung? Wo willst du künftig mit 20 Prozent Zeiteinsatz zufrieden sein?

Nice to know!

NOBODY IS PERFECT!

Gerade die Perfektionisten unter uns können mit dem sogenannten Pareto-Prinzip (auch bekannt als 80:20-Prinzip) unglaubliche Zeitreserven lockermachen. Das tut zunächst erst mal weh – aber der Effekt ist gigantisch.

Bitte schreibe deine Tätigkeiten, verteilt nach dem 80:20-Prinzip, in die beiden Säulen.

PERFEKTIONISMUS ENTSCHÄRFEN

Viele Menschen haben einen sehr hohen Anspruch an sich, wie perfekt bestimmte Aufgaben erledigt werden müssen. An sich sind supergute Ergebnisse natürlich eine feine Sache. Nur: Je perfekter du ALLE deine Aufgaben erledigen willst, desto mehr Zeit brauchst du. Und desto höher ist in der Regel auch dein Stresspegel. Weil es ja immer noch ein bisschen besser gehen könnte.

Wie ist das bei dir? Wo liegt deine Messlatte in Sachen Perfektionismus? Zeichne mit einem farbigen Stift deinen Anspruch ein.

Im Beruf bei meinen Kernaufgaben

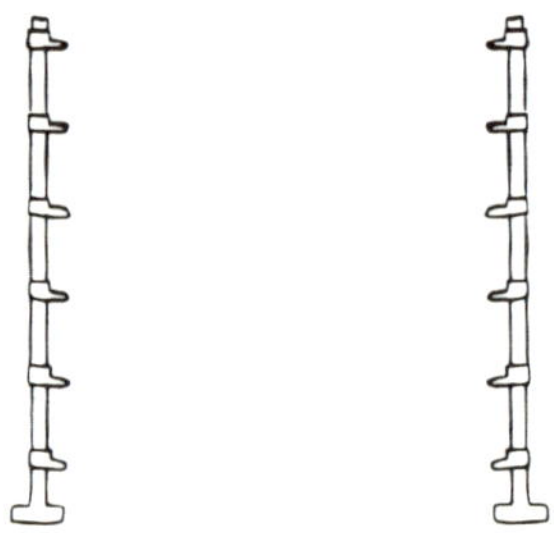

Im Beruf bei eher unwichtigen Tätigkeiten (z.B. wie perfekt eine normale E-Mail formuliert sein muss)

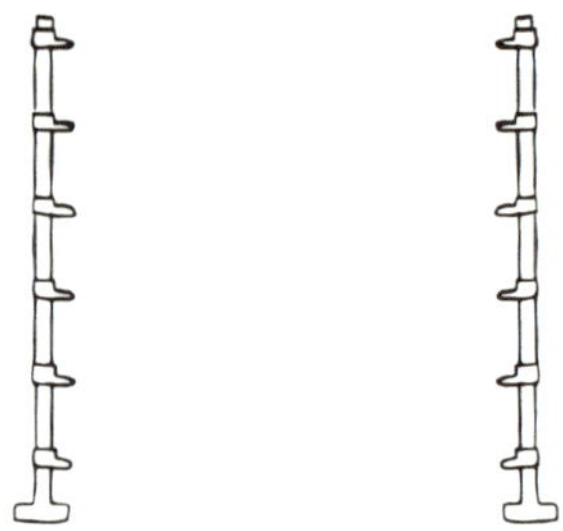

Im privaten Alltag

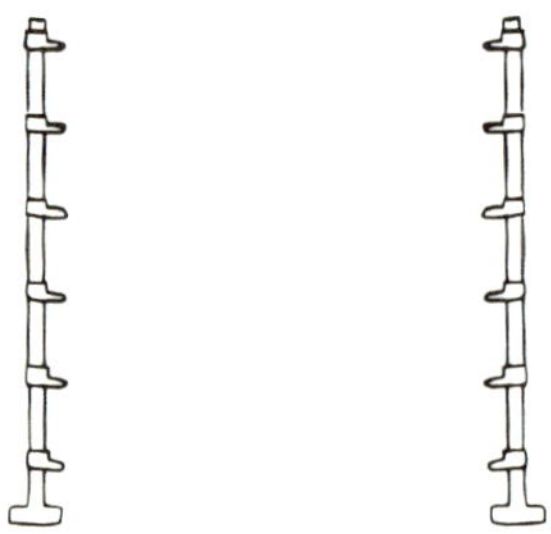

Im Haushalt

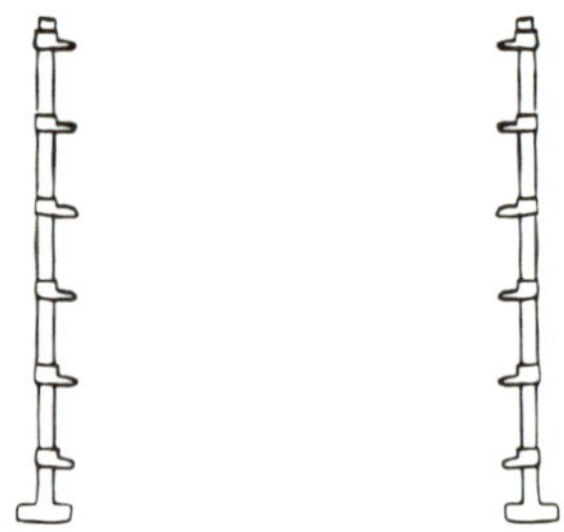

Bei meinen Hobbys

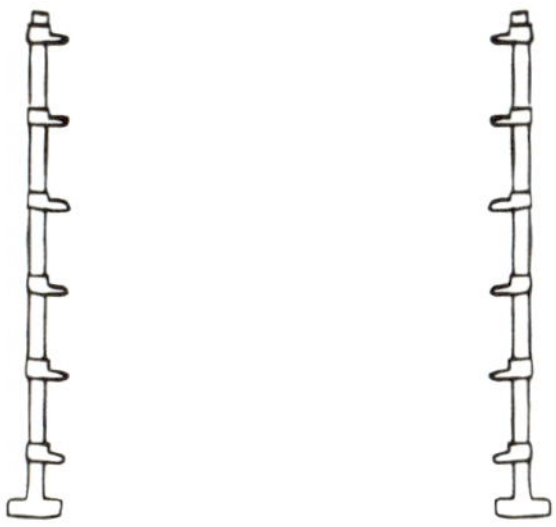

Bei meinen Freunden

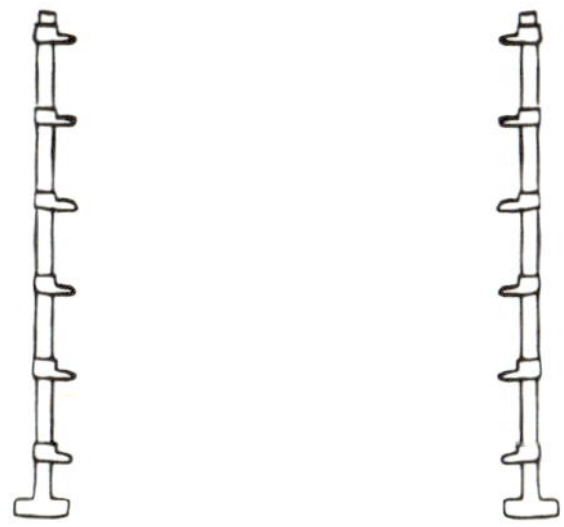

Bei _

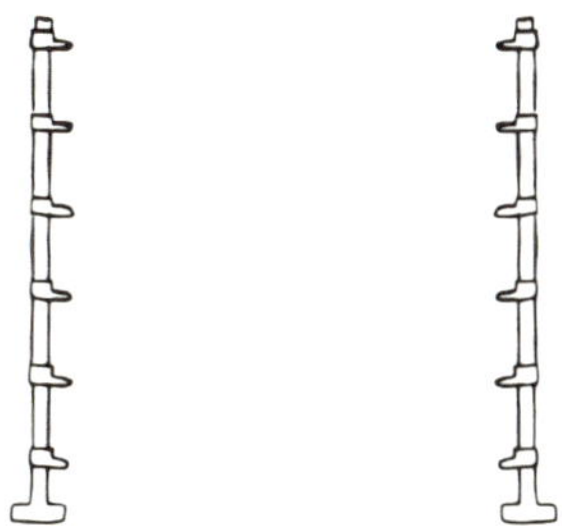

Bitte trage jetzt mit einer andere Farbe ein, wie hoch du die Messlatte künftig bei nicht so wichtigen Aufgaben legen willst.
Weil du zum Beispiel die Zeit für andere Aktivitäten verwenden willst.
Oder: weil die anderen ja nicht einmal merken, dass du dein Soll im jeweiligen Bereich immer übererfüllt hast.

KONZEPTE MACHEN

Gewinne täglich bis zu zwei Stunden Freizeit, indem du künftig Konzepte machst. Das sind grobe Skizzen deiner künftigen Aufgaben. Sie geben dir einen Überblick über anstehende To-Dos und lassen dir dennoch die Freiheit, auf aktuelle Ereignisse anzuspringen. Konzepte helfen dir, dass du nicht mehr überrollt wirst von dem, was da kommt. Sie schaffen die Basis, damit du deine wertvolle Lebenszeit bewusst einsetzen kannst.
Das Kernstück deiner Konzepte ist die Reisende To-do-Sammlung.
Wähle ein Utensil, das du losgelöst von deinem Kalender verwendest. Denn: Wer seine Aufgaben in den Kalender schreibt, der wird feststellen, dass er ständig seine nicht erledigten Aufgaben schieben muss – und schieben – und schieben. Das erzeugt Frust und kostet Zeit.

- Bitte besorge dir ein schönes Heft (neben diesem) oder lege ein Word-Dokument an. Hier gibst du dir die Erlaubnis, alles zu sammeln, was du tun musst, willst, könntest. Aufschreiben entlastet das Gehirn.
- Picke dir dann ein To-Do aus der Sammlung heraus. Erledige es.
- Alles Nichterledigte reist automatisch mit in den nächsten Tag.

Welcher Gegenstand könnte mir für meine Reisende To-do-Sammlung Spaß machen? (Kladde, App, Word-Dokument, Excel-Tabelle, Post-its ...)

Wo kann ich es besorgen/erstellen?

Wann werde ich es besorgen/erstellen?

ZEITSPARER MIT VIER BUCHSTABEN

Hast du dir schon einmal überlegt, wie viel Zeit du »sparen« kannst, wenn du nicht alles tust, was du tun könntest oder was andere Menschen von dir wollen? Doch oft sagen wir schneller »Ja« zu (unliebsamen) Aufgaben, als uns lieb ist. Und dann ist die Zeit, die wir damit verbringen, unwiderruflich weg. Finde doch einmal heraus, was dich schneller »Ja« sagen lässt, als du eigentlich willst.

In welcher Situation habe ich in der Vergangenheit »Ja« gesagt, obwohl ich lieber »Nein« gesagt hätte?

Wie waren die Begleitumstände?

Aus welchem Grund habe ich »Ja« gesagt?
Was habe ich damit bezweckt?

Wie habe ich mich danach gefühlt?

Wie habe ich die Aufgabe erledigt?

Welchen Vorteil hat es mir gebracht, diese Aufgabe erledigt zu haben?

_ _

_ _

Welche Nachteile hat es mir gebracht? Auf was musste ich deshalb verzichten?

_ _

_ _

Was wäre passiert, wenn ich abgelehnt hätte?

_ _

_ _

Wie hätte ich mich elegant aus der Affäre ziehen können?

_ _

NEIN!

Frage dich abschließend:

- *Welches Muster erkenne ich unter Umständen hinter diesen Situationen?*
- *Was löst bei mir in der Regel ein »Ja« aus?*
- *Was werde ich künftig tun, um eher »Nein« zu sagen?*

Ich nehme mir vor, in Zukunft bei den folgenden Anfragen, Aufgaben oder Erwartungen an mich »Nein« zu sagen, um mich wieder auf meine eigenen Wichtigkeiten und Ziele konzentrieren zu können:

»

»

»

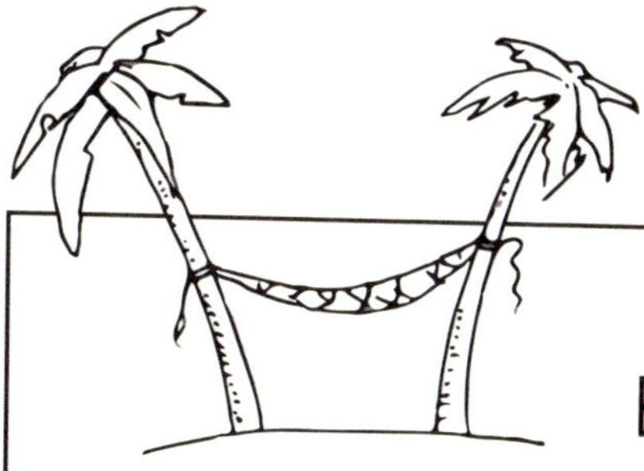

ENERGIEQUELLEN ENTDECKEN

Wer mit sich und seinen Aufgaben anders umgehen und Stress reduzieren will, tut gut daran, immer wieder seine Batterien aufzuladen. Denn wenn du in deiner Kraft bist, dann werfen dich die Anstrengungen des Alltags nicht so leicht um.

Welche Tätigkeiten bringen mir Energie? (z.B. kochen, bügeln, mit Menschen reden, tanzen, wandern, lachen …)

Wo tanke ich gut auf? (z.B. in der Natur, in einem Museum, im Bett, im Wasser, wenn es nach Orangenblüten duftet …)

Bei welchen Geräuschen/Tönen/Musik tanke ich auf? (Musikstücke, Wasserplätschern, Windesrauschen in den Bäumen …)

Bei welchen Empfindungen tanke ich auf? (geknuddelt werden von meinen Lieben, bei einer Massage, wenn ich die Sonne auf der Haut spüre …)

MEIN STRESSTEST

Stress ist ein sehr diffuses Gefühl. Oft kannst du nicht einmal genau sagen, wodurch er eigentlich ausgelöst wird. Kein Wunder, denn Stress entsteht aus einer Vielzahl verschiedener Faktoren. Wie steht es um deinen aktuellen Stresspegel?

	ja	nein
Hast du oft das Gefühl, dass der Tag viel zu kurz ist, um alles zu schaffen?		
Arbeitest du regelmäßig pro Tag mehr als neun Stunden?		
Hast du pro Tag weniger als zwei Stunden Zeit für dich?		
Nimmst du dir abends oder am Wochenende Arbeit mit nach Hause, um sie hier »in Ruhe« zu erledigen?		
Wenn du morgens aufwachst, kreisen deine Gedanken dann sofort um die Dinge, die du zu tun hast?		
Gehen dir abends vor dem Einschlafen viele Dinge durch den Kopf, die du nicht geschafft hast?		
Fühlst du dich an manchen Tagen überfordert?		
Hast du den Eindruck, dass die Dinge nur dann gut laufen, wenn du dich selbst darum kümmerst?		
Glaubst du, du müsstest dich um alles selbst kümmern, weil du niemanden hast, der dir hilft?		

	ja	nein
Im Gespräch mit anderen – unterbrichst du da den Gesprächspartner häufig oder vollendest dessen Sätze?		
Liest du Bücher oft quer, um sie schnell »abzuhaken«?		
Vergleichst du dich häufig mit anderen und das Ergebnis macht dich unzufrieden?		
Bist du mit deinem Beruf oder deiner familiären Situation unzufrieden?		
Beißt du häufig deine Zähne zusammen oder knirschst du (nachts)?		
Schläfst du in letzter Zeit schlecht ein oder durch?		
Bist du derzeit unaufmerksam, vergesslich oder kannst dich schlecht konzentrieren?		
Bist du im Moment oft müde und antriebslos oder getrieben von einem Dauer-Adrenalinschub?		
Leidest du derzeit unter irrationalen Ängsten?		
Hast du zurzeit übermäßigen oder geringen Appetit?		
Hast du in jüngerer Vergangenheit einschneidende Veränderungen (Trennung, Jobwechsel, Umzug, Todesfall o. Ä.) erlebt?		

Nice to know!

DIE RICHTIGE PERSPEKTIVE

Bitte beachte: Weder bei dieser noch bei den anderen Übungen im Buch gibt es ein »richtig« oder »falsch«, sondern einzig und allein deine eigene Sicht der Dinge. Löse dich von dem, was andere stresst oder was andere für wichtig oder unwichtig erachten. Es geht um dich!

Zähle nun bitte, wie oft du mit »Ja« geantwortet hast:

- 0 bis 2-mal »Ja«: Gratuliere, du bist völlig entspannt. Weiter so!
- 3 bis 7-mal »Ja«: du solltest Dir mehr Entspannungsphasen gönnen. Mache mehr Minipausen und nimm dir öfter mal Auszeiten. Das wird dir guttun.
- 8 bis11-mal »Ja«: Vorsicht, du mutest dir zu viel zu! Entlarve deine Zeitdiebe und bringe mehr Ruhe in deinen Alltag. Lerne, »Nein« zu sagen und Aufgaben abzugeben. Plane feste Pausen für dich ein!
- 12-mal »Ja« oder öfter: Du leidest eindeutig unter akutem Stress. Ziehe die Notbremse, sonst droht eine totale Erschöpfung. Nimm dir Zeit für dich selbst und fahre deine Belastung sofort und langfristig zurück. Übernimm (wieder) die Verantwortung für (d)ein ausgeglichenes Leben. Du hast nur dieses eine!

ENTSCHEIDUNGEN, ENTSCHEIDUNGEN ...

Wir können Zeit nicht »sparen«. Aber wir können einige Tätigkeiten deutlich schneller und smarter erledigen. Und das verschafft uns Freiräume für die Menschen, Aufgaben und Aktivitäten, die uns, unserer Familie oder an unserem Arbeitsplatz wirklich wichtig sind. Beantworte für dich folgende Fragen:

Wie viel Zeit vertue ich in der Regel mit Entscheidungen?

_ _

_ _

Erkenne ich einen Unterschied zwischen Entscheidungen bei unwichtigen Themen (z.B.: »Was will ich heute essen?«) und bei wichtigen (»Was will ich beruflich machen?«)?

_ _

_ _

Eine Sache, die ich hier und jetzt sofort entscheiden werde:

_ _

_ _

Nice to know!

KOPF ODER ZEIT

Die schnellste Entscheidungshilfe der Welt: Wirf eine Münze! Bist du mit der Entscheidung happy – perfekt. Hast du den Impuls, wenn du die Entscheidung siehst: »Oh neeee, ich werfe gleich noch mal«, dann weißt du, wie dein Unterbewusstsein entschieden hat.

»AUFSCHIEBERITIS« ENTSCHÄRFEN

Bist du ein(e) Aufschieber(in)? Liegen eine Menge unerledigter Aufgaben auf deiner langen Bank? Mache den Check.

	Trifft eher zu	Trifft eher nicht zu
Dinge, die ich gleich erledigen will, mache ich oft erst Tage später.		
Morgens weiß ich in der Regel genau, was ich alles tun will. Und tue dann doch etwas völlig anderes.		
Manche Aufgaben erledige ich früher als nötig und lasse dafür andere – wichtige – liegen.		
Ich nehme mir oft Sachen vor, die ich dann doch nicht tue.		
Ich habe oft das Gefühl, dass mir die unerledigten Dinge über den Kopf wachsen.		
Abends denke ich häufig: »Viel gemacht, aber wenig geschafft.«		
Meine Mitmenschen sind genervt, weil ich so viele unerledigte Aufgaben vor mir herschiebe.		

Dein Ergebnis:

- Weniger als 3 »trifft eher zu«: Du leidest definitiv nicht unter Aufschieberitis.
- 4 bis 5 »trifft eher zu«: Du bist in manchen Dingen eher lax. Das kann man als »entspannte Alltagshaltung« interpretieren, aber ein Hang zum Aufschieben ist erkennbar. Achte im Alltag darauf, ob es dir Probleme macht. Wenn nicht: weiter so.
- Mehr als 6 »trifft eher zu«: Achtung – akute Aufschieberitis-Gefahr. Achte im Alltag darauf, wichtige Dinge gleich zu erledigen.

WAS SIND MEINE BEDÜRFNISSE?

Welche Aufgaben soll ich auf dem Radar haben? Ein guter Indikator, welche Jobs du erledigen solltest (neben deinen sonstigen Verpflichtungen) sind die Tätigkeiten, die deine Bedürfnisse erfüllen: nach Ruhe, Nahrung, menschlicher Nähe, Bewegung und geistiger Anregung.

Bitte male dazu den Stern aus. Die Bedürfnisse, die du heute und in den kommenden Tagen besonders beachten möchtest, erhalten dabei mehr Farbe, die Bedürfnisse, die heute und in den nächsten Tagen weniger Aufmerksamkeit brauchen, bekommen weniger.

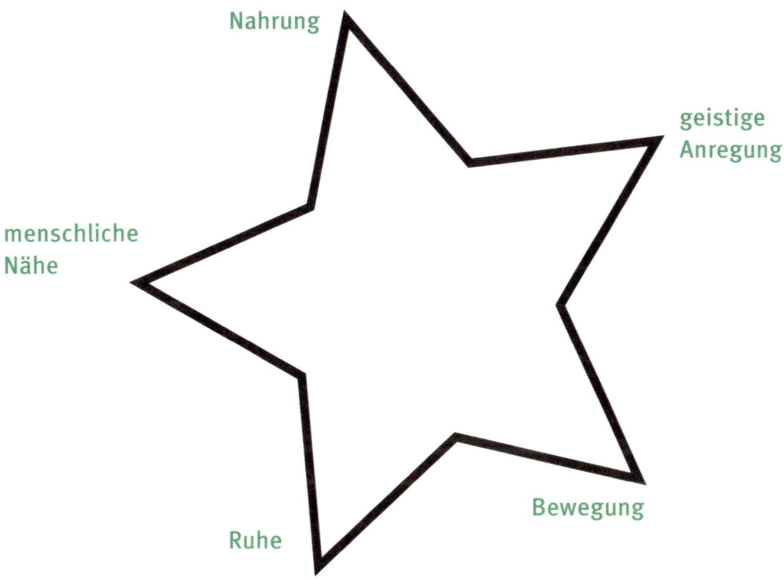

Notiere anschließend Ideen dazu, WIE du heute diesen Bedürfnissen gerecht werden kannst. Was kannst du TUN?

Mein Bedürfnis nach: _

Das kann ich tun:

1. _

2. _

Mein Bedürfnis nach: _ _ _ _ _ _ _ _ _ _ _ _ _ _ _ _ _ _
Das kann ich tun:

1. _

2. _

Mein Bedürfnis nach: _ _ _ _ _ _ _ _ _ _ _ _ _ _ _ _ _ _
Das kann ich tun:

1. _

2. _

Mein Bedürfnis nach: _ _ _ _ _ _ _ _ _ _ _ _ _ _ _ _ _ _
Das kann ich tun:

1. _

2. _

Mein Bedürfnis nach: _ _ _ _ _ _ _ _ _ _ _ _ _ _ _ _ _ _
Das kann ich tun:

1. _

2. _

Achte heute immer wieder darauf, was momentan dein Bedürfnis ist. Und dann tue etwas, um dieses zu stillen.

HEUTE SCHON AUSSORTIERT?

Weg damit!

Ganz häufig sammeln sich im Leben ganz allgemein und im Alltag Aktivitäten an, die einem eigentlich gar nicht mehr wichtig sind. Wie ist das bei dir? Was ist dir momentan wirklich wichtig im Leben? Und womit verbringst du deine Zeit tatsächlich?

Zehn Aktivitäten, die mir im Leben wichtig sind	Zehn Aktivitäten, mit denen ich in den letzten vier Wochen die meiste Zeit verbracht habe
1. ------------------	1. ------------------
2. ------------------	2. ------------------
3. ------------------	3. ------------------
4. ------------------	4. ------------------
5. ------------------	5. ------------------
6. ------------------	6. ------------------
7. ------------------	7. ------------------
8. ------------------	8. ------------------
9. ------------------	9. ------------------
10. -----------------	10. -----------------

Und nun beschäftige dich bitte mit den Fragen dazu auf der nächsten Seite.

Welche der in der rechten Spalte notierten Aktivitäten habe ich gerne getan?

Inwiefern stimmen die Punkte in beiden Spalten überein? Das heißt: Habe ich Zeit mit Aktivitäten verbracht, die mir auch wichtig sind? Oder eher nicht?

Was nehme ich aus dieser Übung mit?

Was werde ich ändern?

Wann?

Wie?

FALSCHE ÜBERZEUGUNGEN ABLEGEN

Häufig überladen wir uns mit Aufgaben und Verpflichtungen, weil unsere tiefsten Überzeugungen uns quasi dazu »zwingen«. Diese können auch in Form von Glaubenssätzen daherkommen, also in uns verwurzelten Aussagen, von denen wir glauben, dass sie wahr sind. Wir haben diese Sätze so verinnerlicht, dass sie in unserem Alltag das Steuer übernommen haben.
Ein Beispiel: Wer fest davon überzeugt ist, dass »Stillstand Rückschritt ist«, der wird IMMER in Bewegung bleiben müssen und ständig etwas Neues anfangen. Tut dir das gut – super, weiter so! Fühlst du dich aber zunehmend erschöpft von allem, was du stemmen musst, dann lohnt es sich, deine Überzeugungen auf den Prüfstand zu stellen und zu schauen, ob sie dir noch guttun. Beantworte dir folgende Fragen:

Was habe ich als Kind oft gehört oder beobachtet? (z.B. »Wer hoch fliegt, kann tief fallen«; »Wer A sagt, muss auch B sagen«; »Geld verdirbt den Charakter« …)

Tun mir diese Überzeugungen gut?

☐ JA!   ○ NEIN!

Wenn nein: Dann verabschiede dich an dieser Stelle von ihnen und schicke sie liebevoll in die Wüste. Oder ins Orbit. Oder wohin auch immer. Eine Ausreisegenehmigung kannst du auf der folgenden Seite erteilen.

AUSREISEGENEHMIGUNG

Hiermit erteile ich den Überzeugungen:

1. ______________________________

   ____

2. ______________________________

   ____

3. ______________________________

   ____

4. ______________________________

   ____

die freundliche Ausreisegenehmigung. Ich bedanke mich für die bisherige Begleitung in meinem Leben und bestätige, dass ich sie ab sofort nicht mehr benötige.

Ort, Datum   Unterschrift

SPONTAN-AKTION: 3 DINGE WEGWERFEN

Entrümpeln kannst du immer: auch jetzt und jederzeit. Das macht dein Leben sofort ein Stück leichter und unbeschwerter.

Schau dich um: Welche Dinge stören dich schon lange? Welche Pflanzen sind vertrocknet? Welche Papiere liegen unnütz herum? Am besten stehst du jetzt sofort auf und wirfst drei Dinge weg, die du nicht mehr brauchst.

Übungsalternative

Statt Dinge wegzuwerfen, die du in deinem Zimmer findest, kannst du auch in deiner Jacken- oder Handtasche entrümpeln. Bonbonpapier, Kassenbelege, entwertete Fahrkarten: Fast jeder schleppt unnötigen Ballast mit sich herum.

★★★

Was muss, das muss!

WOLLEN STATT MÜSSEN

Notiere auf dieser Seite bitte alle Aufgaben, die du jeden Tag erledigen musst. Bitte schreibe immer einen kompletten Satz. »Ich muss das Frühstück machen«. »Ich muss mit der U-Bahn ins Büro fahren« ...

Bitte mache erst auf Seite 41 weiter, wenn du diese Aufgabe hier erledigt hast.

Fertig? Jetzt streiche bitte bei jeder Aufgabe das Wörtchen »muss« durch und schreibe ein »will« darüber.
Lies dir jetzt jeden Satz laut vor.
Wie geht es dir dabei?

Vielleicht spürst du, wie sich deine Einstellung zu dieser Aufgabe verändert. Natürlich gibt es Aufgaben, um die du einfach nicht herumkommst. Aber in jedem Fall hast du als gesunder erwachsener Mensch, der nicht im Gefängnis sitzt, in unserer mitteleuropäischen Kultur IMMER die Möglichkeit, die Dinge auch anders zu tun. Oder auch gar nicht.

Und wenn es ein echtes »Muss« ist – frage dich: »Muss ich wirklich?« Oder: »Wie könnte es auch anders gehen?«
Mache dir klar: Deine heutigen »Muss«-Aktivitäten sind die Ernte von dem, was du gestern getan hast. Nun, du kannst die Vergangenheit nicht mehr ändern. Aber du kannst deiner Zukunft eine andere Richtung geben.

Die Muss-Aufgabe bleibt ein »Muss«? Dann suche nach einem guten Grund, WARUM du diese Aufgabe tun WILLST.

Warum tue ich die auf der vorigen Seite notierten Aufgaben?

_ _

_ _

_ _

_ _

_ _

★★★ DIE »WO IST?«-FRAGE AUFLÖSEN

In der Regel vergeuden wir eine Menge Zeit mit Suchen, weil wir einfach zu viel Zeug haben. Deshalb ist ausmisten, wegwerfen, entrümpeln einer der besten Wege zu mehr Zeit.

➤ ***Wie viele Minuten vertust du im Schnitt pro Tag mit Suchen? Nach der Brille, dem Autoschlüssel, dem Portemonnaie, Dokumenten …***

_ _ _ Minuten

Nervt mich das?

☐ JA!   ○ NEIN!

Falls ja: Verabschiede dich mit einem lauten »Danke!« von den Sachen, die du heute nicht mehr brauchst – und gib sie weg.

➤ ***Welcher Bereich in deinem Haus/Büro hat es im Moment am nötigsten?***

_ _

_ _

_ _

➤ ***Was wirst du dort weggeben oder wegwerfen? Bitte notiere mindestens drei Dinge.***

1. _

2. _

3. _

- *Wann wirst du das tun?*

- *Welcher Bereich kommt als Nächstes?*

- *Was wirst du dort weggeben/wegwerfen?*

- *Wann wirst du das tun?*

DEINE STRESSLANDKARTE

Bitte notiere in einzelnen Kreisen rund um dein »ICH« alle Tätigkeiten, Themen, Aufgaben, Personen und Aktivitäten, die in deinem Leben eine Rolle spielen. Je dichter diese beim »ICH« stehen, desto wichtiger sind diese momentan für dich und nehmen dich momentan in die Pflicht.

Bewerte die einzelnen Faktoren anschließend mit **0** (kein Stressfaktor) bis **5** Punkten (hoher Stressfaktor) sowie »**–**« (minus) = »ich investiere Kraft« und »**+**« (plus) = »ich erhalte Kraft«.

Beispiel: Die Aufgabe »mit Kunden telefonieren« ist wichtig in deinem Job, dann ist der Kreis nahe bei deinem »ICH«. Allerdings stresst dich das sehr (4 Punkte) und raubt dir viel Energie (–). Betrachte anschließend deine Notizen.

ICH

Aktivitäten oder Menschen, die sehr nahe bei deinem »ICH« stehen und eine hohe Punktzahl oder ein »–« haben, sind die Themen, die du dir näher anschauen solltest, um hier etwas zu verändern.

DIE GUTE FEE

Stelle dir vor, zu dir kommt eine gute Fee und sagt: »Du darfst dir von mir etwas wünschen!« Sie richtet folgende Fragen an dich:

Was möchtest du gerne öfter tun?

➤

Wie viel öfter?

➤

Was möchtest du weniger häufig tun?

➤

Wie viel weniger?

➤

Mit welchen Menschen möchtest du dich öfter treffen?

➤

Mit welchen weniger?

➤

Was wäre dein brennendster Wunsch?

➤

Nice to know!

MUSS DAS WIRKLICH SEIN?

Wenn wir ständig schneller werden wollen, um noch mehr Ergebnisse in noch kürzerer Zeit zu liefern, dann ist dies das Freifahrtticket in den Burnout. Wir sind Menschen und keine Maschinen. Lass also einfach unnötige Handgriffe, Reibungsverluste, Herumeiern oder Doppelarbeit weg aus deinem Leben. Die so gesparte Zeit kannst du viel sinnvoller in andere Tätigkeiten stecken.

Nice to know!

SICHER IST SICHER

Für Effizienzverfechter sind Puffer tote Zeit. Nur: Zwischenfälle passieren eben! Also dürfen wir sie auch in unsere Zeitplanung einbeziehen. Und es ist erwiesen: Langfristig schaffen wir mit Puffern tatsächlich mehr. Weil wir entspannter sind und damit fitter.

PUFFER EINRECHNEN

Probier's aus!

Häufig überschätzen wir unsere Leistungsfähigkeit in einem bestimmten Zeitraum. Nicht immer können wir Störungen vermeiden oder Unvorhergesehenes wirbelt unsere Planung durcheinander. Außerdem sind wir nicht immer so fit, wie wir gerne wären. Ein guter Grund also, unsere Aufgaben mit Pufferzeiten zu entzerren. Der Vorteil: Wenn du Luft holst und deine Jobs nicht zu knapp kalkulierst, dann sinkt dein Stresspegel – und du bist schneller, als wenn du unter Druck bist. Rechne für wichtige Aufgaben nach folgendem Prinzip:

- 50 Prozent der Zeit für die eigentliche Aktivität
- 30 Prozent Puffer für Unvorhergesehenes (Stau, Kopfschmerzen, EDV spinnt ...)
- 20 Prozent Kreativzeit (zum Reindenken in die Aufgabe, zum Kaffeeholen, Small Talk mit Kollegen ...)

› ***Bei welchen Aufgaben oder wann will ich künftig Puffer einplanen?***

› ***Bei welchen Aufgaben kann ich auf Puffer verzichten, weil ich hier unter Druck einfach besser und schneller bin?***

ZEITDRUCK LASS NACH!

Ommmmm!

Wir fühlen uns schon häufig gestresst, bevor der eigentliche Stress begonnen hat. Da kippen wir in der Früh schnell eine Tasse Kaffee herunter, hetzen zum Auto, schimpfen im Stau – und kommen völlig erschöpft bei der ersten Etappe des Tages an. Im Prinzip könnte gerne schon wieder Feierabend sein, so kaputt sind wir. Stelle den Stress-Schalter schon am Anfang um und versuche entspannt in den Tag zu starten. Beginne in Ruhe und mit Blick auf das Langsame, Schöne, Angenehme. Das kann bedeuten, dass du dafür 15 Minuten früher aufstehst. Starte mit ausgiebig Räkeln und Strecken. Dusche mit Genuss. Trinke in Ruhe deinen Kaffee oder Tee und iss eine Kleinigkeit dazu. Schau dir dazu auch die folgenden Fragen an:

Wie starte ich bislang immer in den Tag? Was tue ich?
Was tue ich nicht?

_ _

Was gefällt mir daran? Was will ich verändern?

_ _

Wie tue ich ab sofort mir, meinem Körper und meiner Seele schon morgens etwas Gutes?

_ _

Wie kann ich mein neues Verhalten als Ritual einführen?
Was hilft mir?

_ _

RAUM FÜR DAS WICHTIGE SCHAFFEN

Platz da!

Wir können unsere vielfältigen Aufgaben sortieren:

- WICHTIG: Das sind Aufgaben, die unmittelbar mit deinen beruflichen und persönlichen Zielen zu tun haben.
- DRINGEND: Das sind Aufgaben, die sofort erledigt werden müssen.

ACHTUNG: Sehr häufig lassen wir uns von der Dringlichkeit anderer Menschen hetzen – und die wirklich wichtigen Aufgaben unter den Tisch fallen. Oder wir erledigen sie auf den letzten Drücker mit hängender Zunge und unter Stress. Schärfe deinen Blick für das, was wichtig ist – und das, was nur dringend ist.

➤ ***Falls du die Stresslandkarte von Seite 44 ausgefüllt hast – lies deine Notizen dazu durch und markiere nun bei deinen Aufgaben noch einmal in Grün, was wirklich wichtig ist, in Gelb, was 50:50 ist, und in Rot, was nicht so wichtig ist, als dass DU SELBST dich hättest darum kümmern müssen. Was erkennst du dabei?***

_ _

_ _

➤ ***Falls du die Stresslandkarte nicht ausgefüllt hast, blicke auf einen »normalen« Tag in der letzten Woche zurück. Welche Aufgaben waren dort tatsächlich so wichtig, dass DU dich darum kümmern musstest?***

_ _

➤ ***Welche waren unwichtig?***

_ _

➤ ***Was nimmst du an dieser Stelle für dich mit?***

_ _

ZEITINSELN

Du willst vielleicht nicht darauf warten, bis du »zufällig« mal Zeit hast, um die Aufgaben aus deiner To-do-Sammlung zu erledigen. Gut so. Denn der Punkt ist ja: Wir schaffen die uns wichtigen Dinge nicht, weil wir die Zeit nicht HABEN, sondern weil wir sie uns nicht NEHMEN.
Das wirst du ab sofort anders machen. Indem du dir Zeitinseln für die wirklich wichtigen Aufgaben, Menschen und Aktivitäten in deinen Kalender einträgst. Bitte trage nicht für jede Aufgabe eine Zeitinsel ein. Denn sonst wirst du erleben, dass du (mal wieder) die nichterledigten Aufgaben-Zeitinseln verschieben musst. Bitte trage nur WENIGE Inseln ein für die Dinge, die WIRKLICH wichtig sind. Je schneller und komplexer dein Alltag ist, desto weniger Zeitinseln sind für dich gut. Und desto mehr »Luft« für Überraschendes darfst du lassen.

» ***Welche Zeiten will ich pro Tag oder in der Woche für welche meiner wichtigen Aufgaben blocken?***

Montag	
Dienstag	
Mittwoch	
Donnerstag	
Freitag	
Samstag	
Sonntag	

- *Was tue ich, um diese Zeiten gegen meinen inneren Schweinehund zu schützen?*

- *Was tue ich, um diese Zeiten gegen äußere Einflüsse (Vorwürfe, Störungen, Dringendes etc.) zu schützen?*

BE HAPPY!

- *In welchen Bereichen meines Lebens wünsche ich mir in den nächsten Tagen und Wochen eine Veränderung?*

- *Aus welchem Grund?*

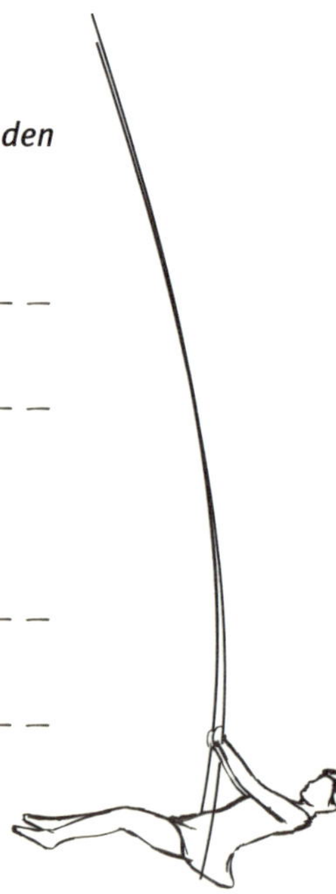

POWER-RIEGEL BILDEN

Aufgaben zu Blöcken – zu sogenannten Power-Riegeln – zusammenzufassen hat viele Vorteile:

1. Man richtet nur einmal das Werkzeug ein. In der Regel kostet es mehr Zeit, sich für eine Arbeit einzurichten, als diese zu erledigen.
2. Blöcke auf gute Zeiten legen. Lege deine Power-Riegel auf Zeiten, in denen du voller Energie bist (für anspruchsvolle Tätigkeiten) oder müde (für Energietanken bei Routinejobs) oder in denen die Chancen groß sind, zum Beispiel gewünschte Gesprächspartner telefonisch zu erreichen.
3. Erledigungen verzahnen und Wegzeiten sparen. Du holst neue Druckerpatronen? Nimm gleich die Belege für die Reisekostenabrechnung mit. Für einen kreativen Chaoten (siehe Seite 17) ist so eine Tour oftmals tatsächlich eine gedankliche Meisterleistung.
4. Sich abschotten fällt leichter. Du kannst dich bewusst in dieser Zeit abgrenzen.

Widme dich dazu folgenden Fragen:

Welche Aufgaben kann ich zu Power-Riegeln zusammenfassen?

_ _

_ _

_ _

Auf welchen Zeitpunkt kann ich diese Blöcke am besten legen?

_ _

_ _

BITTE NICHT STÖREN!

Störungen, die uns aus der Arbeit reißen, sind DER Zeitfresser schlechthin. Denn in aller Regel brauchen wir nach einer Unterbrechung acht Minuten, um unseren roten Faden wiederzufinden. Doch meist kommt dann schon die nächste ungewollte Überraschung daher. Lasse dich künftig weniger stören!

➤ *Welche Störungen reißen mich besonders häufig aus der Tätigkeit?*

Störquelle Nummer 1: _

Störquelle Nummer 2: _

Störquelle Nummer 3: _

➤ *Was werde ich künftig tun, um mich abzuschotten beziehungsweise diese Störungen auszuschalten?*

Störquelle Nummer 1: _ _ _ _ _ _ _ _ _ _ _ _ _ _ _ _

Störquelle Nummer 2: _ _ _ _ _ _ _ _ _ _ _ _ _ _ _ _ _

Störquelle Nummer 3: _

Nice to know!

STOPP!

Gegen Störungen sind viele Kräuter gewachsen. Denn: Viele Unterbrechungen kommen erstaunlich regelmäßig und damit hast du die Chance, gegen deine persönlichen Störer effektive Strategien zu entwerfen, wie etwa die Türe zumachen, den Anrufbeantworter anschalten, E-Mail-Benachrichtigung ausstellen etc. Und: Du musst nicht immer für alle erreichbar sein!

DIE 22-HIGHLIGHTS-LISTE

Viele Erwachsene verlernen im Laufe ihres Lebens zu träumen. Nach dem Motto: »Das Leben ist doch kein Wunschkonzert« schieben sie Dienst nach Vorschrift und vertagen das pralle Leben auf später: Wenn sie in Rente sind. Wenn die Kinder aus dem Haus sind. Wenn das Häuschen abbezahlt ist. Wenn, wenn, wenn ... Wie schade! Nimm dir jetzt Urlaub von der Realität und träume.

- ***Schreibe jetzt bitte 22 Dinge auf, die du in diesem Leben einmal gerne tun, erleben, lernen oder erfahren willst. Wichtig: Schreibe nicht auf, was »man« alles tun könnte. Schreibe nichts auf, das du nicht wirklich tun willst. Hier landet es nur, wenn du dir wirklich vorstellen kannst, es eines Tages zu tun. Nach dem Motto: 22 Dinge, die ich tun will, bevor ich es nicht mehr tun kann.***

- ***Picke dir jetzt von deiner 22-Highlights-Liste diejenigen Punkte heraus, die dich momentan am meisten faszinieren. Überlege dir, was du heute noch tun kannst, damit du in ihre Richtung kommst.
Wie sieht dein erster Schritt dazu aus?***

MEINE ZEITDIEBE

Löse dich heute mal aus dem alltäglichen Kleinkram und betrachte deine private und berufliche Situation einmal ganz genau. Schreibe einen Tag lang mit, was du gerade tust, welche Zeitdiebe oder Zeitfresser dir das Leben schwer machen und wie du dich dabei fühlst.

Mein Tagesablauf	Datum: _ _ _ _ _ _ _ _

Uhrzeit	Tätigkeit	Störungen/ Zeitdiebe	Ich fühle mich ...
0.00 – 5.00			
6.00			
7.00 7.30			
8.00 8.30			
9.00 9.30			
10.00 10.30			
11.00 11.30			
12.00 12.30			
13.00 13.30			

Uhrzeit	Tätigkeit	Störungen/ Zeitdiebe	Ich fühle mich ...
14.00 14.30			
15.00 15.30			
16.00 16.30			
17.00 17.30			
18.00 18.30			
19.00 19.30			
20.00 20.30			
21.00 21.30			
22.00 22.30			
23.00			
24.00			

› ***Lies deine Notizen am Ende des Tages durch. Was fällt dir auf? Wo willst du schnell etwas verändern?***

Geht doch!

GEWOHNHEITEN SCHAFFEN

Bei manchen Tätigkeiten kann es Sinn machen, diese als Routinen (oder Rituale) in deinen Alltag zu integrieren. Diese Rituale haben den Vorteil, dass du sie einfach machst, wenn der richtige Zeitpunkt gekommen ist. Dabei sparst du dir Abstimmungsaufwand mit anderen.

Welche Tätigkeiten kann und will ich mir mit Ritualen erleichtern? (z.B. immer donnerstags die Wäsche waschen, immer mittwochs zum Yoga ...)

Auf welchen Zeitpunkt kann ich diese Routinen am besten legen?

Worin besteht mein Gewinn, wenn ich Rituale einrichte?

DEIN 80. GEBURTSTAG

Manchmal ist es leichter, mit einem kleinen Gedankenspiel zu erfassen, was uns wirklich wichtig ist im Leben. Und eine prima Übung dazu ist folgendes Szenario: Stelle dir vor, es ist dein 80. Geburtstag und alle deine Wegbegleiter sind gekommen. Es gibt viele Reden und Rückblicke auf dein Leben. Du sitzt zufrieden zwischen deinen Gästen und sinnierst über dein Leben ...

Auf welche fünf Dinge in meinem Leben bin ich – als 80-Jährige(r) im Rückblick – besonders stolz?

1. _________________________
   ____

2. _________________________
   ____

3. _________________________
   ____

4. _________________________
   ____

5. _________________________
   ____

Einige meiner Gäste halten eine Rede.

Mein bester Freund/meine beste Freundin sagt:

_ _

_ _

Mein Partner/meine Partnerin sagt:

_ _

_ _

Meine ehemaligen Kollegen sagen:

_ _

_ _

Meine Kinder (oder Nichten und Neffen) sagen:

_ _

_ _

_ _ _ _ _ _ _ _ _ _ _ _ _ (Trage hier bitte den Namen eines Menschen ein, den du sehr schätzt) sagt über mich:

_ _

_ _

SANDMÄNNCHEN-AUFGABE

Überlege dir am Abend vor dem Zubettgehen, welche drei Dinge du gerne am nächsten Tag unbedingt erledigen möchtest. Wichtig: Diese Aufgaben sind nicht in Stein gemeißelt, du kannst sie jederzeit ganz flexibel ändern und den Gegebenheiten anpassen. Aber sie geben dem nächsten Tag eine Richtung und ein Ziel. Das wirkt sehr motivierend, solange du dir die nötigen Freiheiten gönnst. Und: Nachts im Schlaf kann dein Unterbewusstsein bereits an Lösungen arbeiten – und du bist dann am anderen Tag beim Erledigen der Aufgabe deutlich schneller.

Bitte notiere, was du morgen unbedingt machen willst.

Meine Sandmännchen-Aufgabe:

1. _____________________________

   ____

2. _____________________________

   ____

3. _____________________________

   ____

Visualisiere am nächsten Tag beim Aufwachen, wie es ist, wenn du die vorgestellten Dinge erreicht hast. Wie fühlt sich das an?

WOMIT SICH MEINE TAGE FÜLLEN

Was geht?

Markiere in den folgenden sieben Uhrkreisen, welche Zeit du in der Regel wie verbringst. Teile bitte so genau, wie du willst, deine Zeiten ein für Aufstehen, Fertigmachen, Frühstücken, Wegezeiten, Arbeitszeiten, Sport, Essen, Schlafen. Bitte mache das für jeden Tag einer »normalen« Woche.

Womit verbringe ich in der Regel meine Zeit am:

Montag

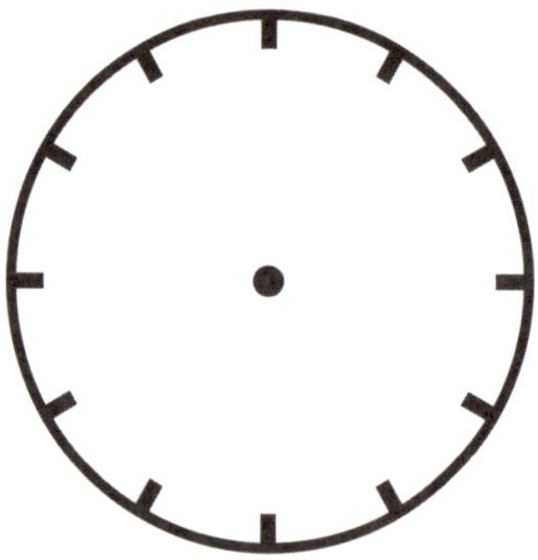

Dienstag

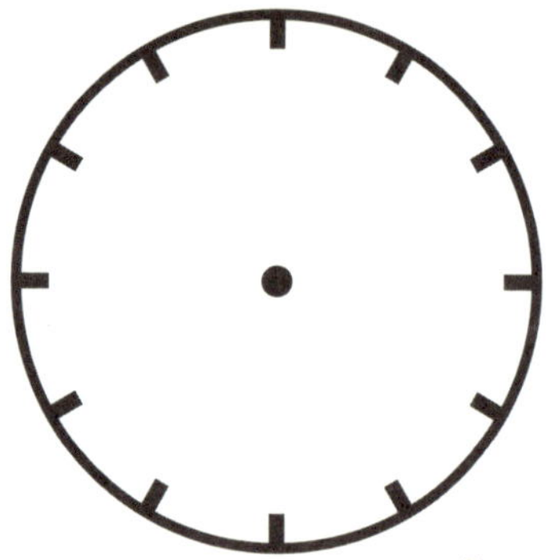

Mittwoch

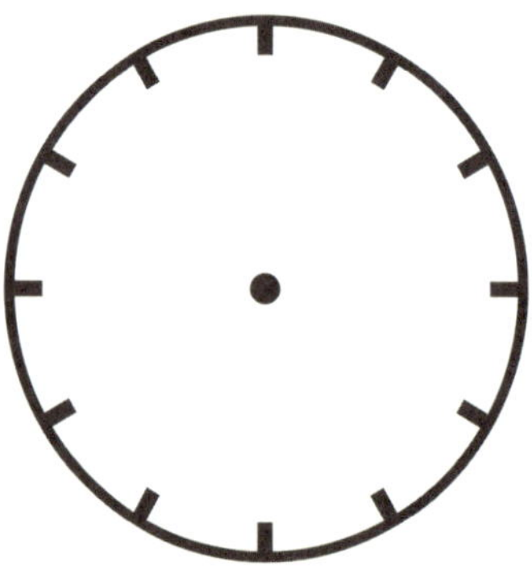

Donnerstag

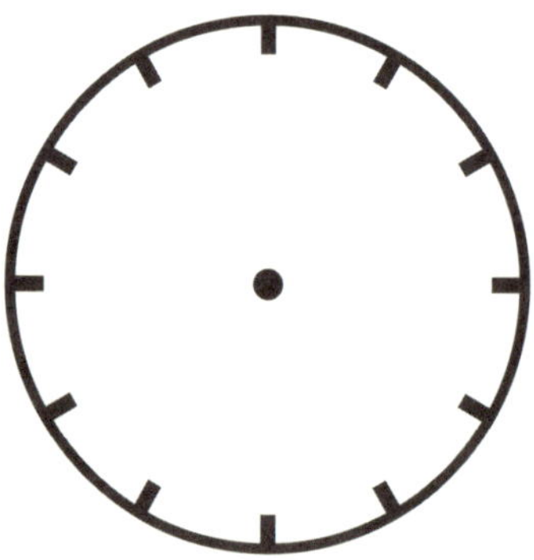

Freitag

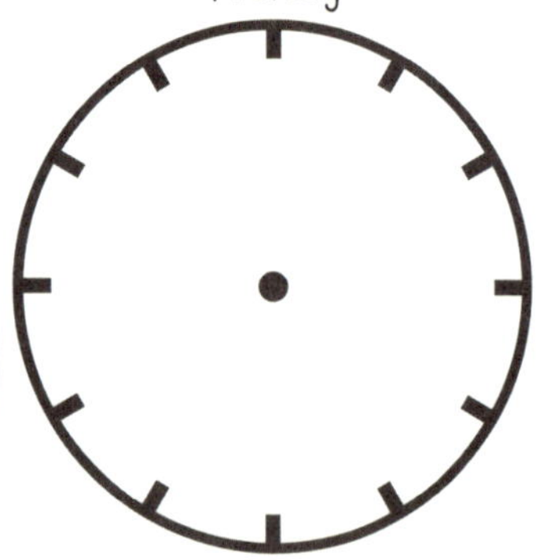

Samstag

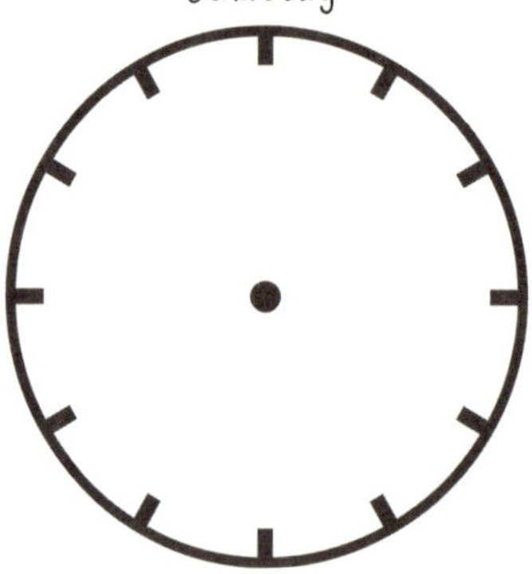

Sonntag

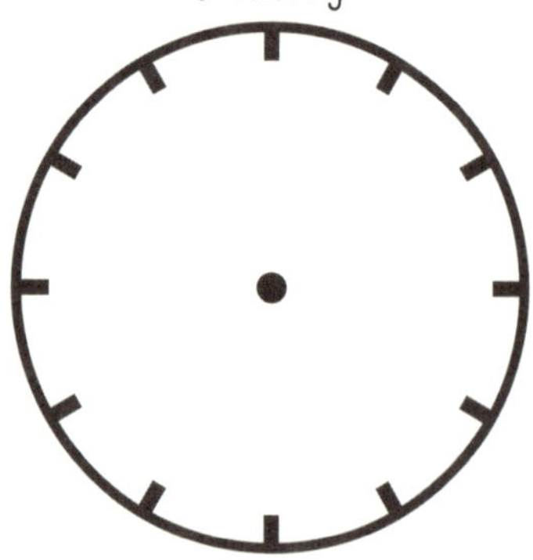

Und jetzt trage bitte ein, wie du deine Tage gerne verbringen würdest.

Was wäre genial am:

Montag

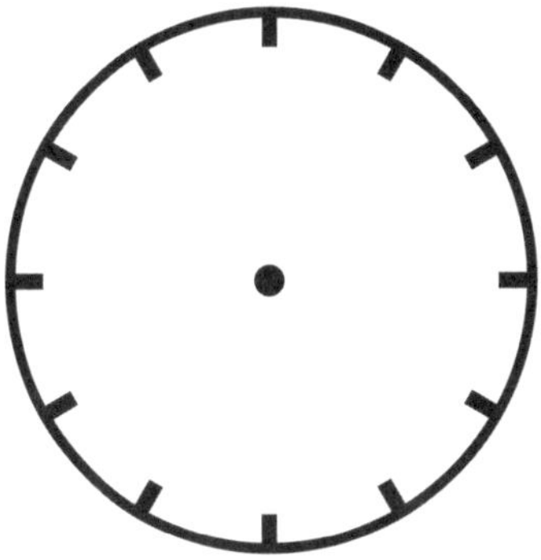

Dienstag

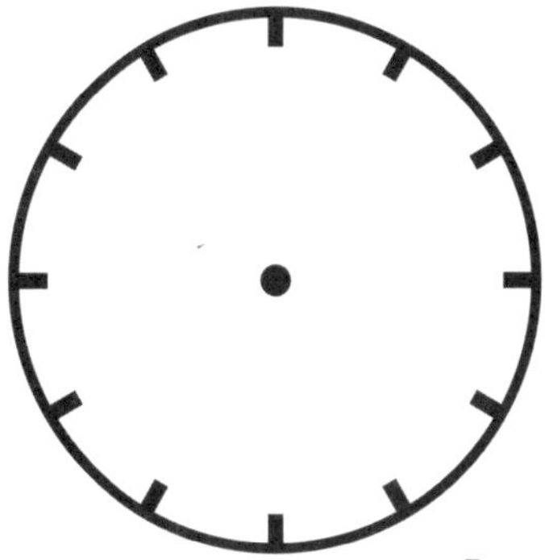

Mittwoch

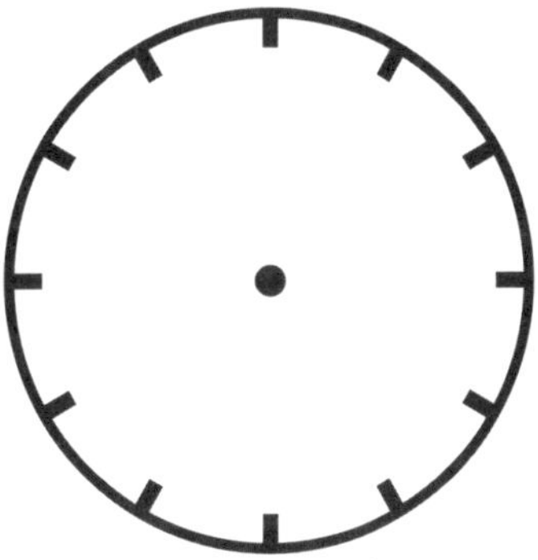

Donnerstag

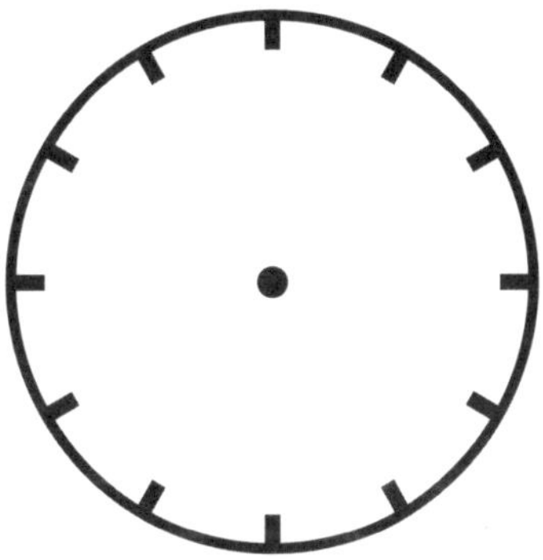

Freitag

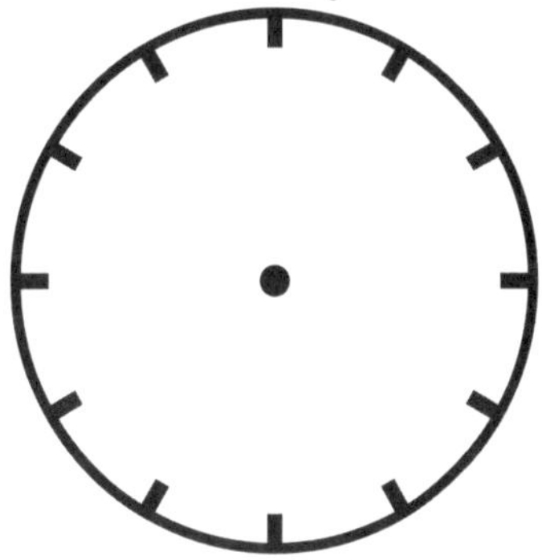

Samstag

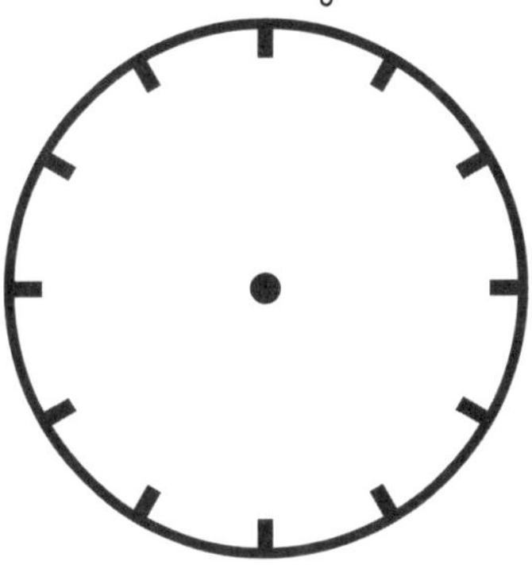

Sonntag

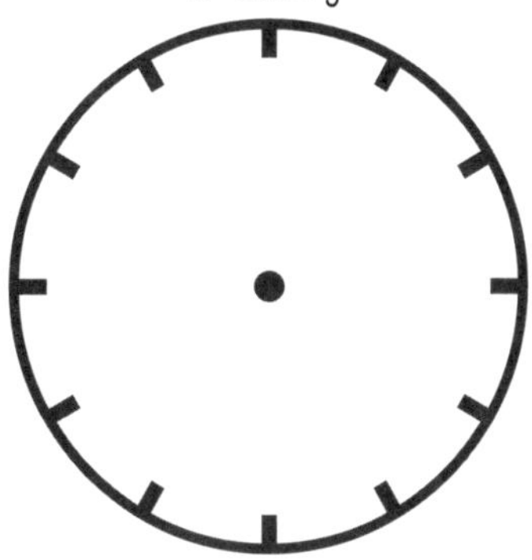

» *Was nimmst du aus dieser Übung mit?*

» *Was wirst du verändern?*

» *Wann?*

» *Was ist der erste Schritt?*

Nice to know!

(ZEIT-)BILANZ ZIEHEN

Wenn du nun feststellst, dass du deine Zeit genau so verbringst, wie du es gerne willst (die Grafiken von Seite 60 und 61 stimmen überein), so beglückwünsche dich! Falls dein Ist- und dein Wunschzustand aber abweichen, frage dich, was du tun kannst, um zumindest ein paar Minuten weniger für unattraktive Aufgaben einsetzen zu müssen und zumindest ein paar Minuten mehr für attraktive Aufgaben zu schaffen. Das bringt dich ins Tun. Und meist folgen dann weitere Veränderungen automatisch.

ZEITRÄUBER UND ZEITSCHENKER

Nicht immer verbringen wir unsere Zeit mit den Menschen, die uns am Herzen liegen. Aber mittelfristig darfst du deine Balance finden.

Zehn Menschen, die mir wichtig sind:

1.

2.

3.

4.

5.

6.

7.

8.

9.

10.

Zehn Menschen, mit denen ich in den letzten vier Wochen die meiste Zeit verbracht habe:

1.

2.

3.

4.

5.

6.

7.

8.

9.

10.

- *Bitte mache einen bunten Kreis um die Menschen, die du aus freien Stücken und gerne getroffen hast.*

- *Inwiefern stimmen die Einträge in beiden Spalten überein?*

- *Was nimmst du aus dieser Übung mit? Was wirst du ändern? Wann? Wie?*

LICHT IM AUFGABEN-DSCHUNGEL

Um künftig die wirklich wichtigen Aufgaben im Blick zu haben, stelle dir folgende Fragen. Probiere die Antworten auch gleich an dieser Stelle aus, mit Blick auf die nächsten Tage und deine derzeit offenen To-Dos:

Bei welchen Jobs/Aufträgen ist mein »Gewinn« am größten, wenn ich sie mache? (Ein »Gewinn« kann sein: Geld, Chancen, aber auch Erholung, Spaß, Freundschaften festigen, die Partnerschaft retten ...)

_ _

_ _

Was bringt mich (meine Firma, meine Familie) wirklich weiter?

_ _

_ _

Wo brennt etwas an, wenn ich es jetzt nicht erledige?

_ _

_ _

Was kann ich getrost liegen lassen?

_ _

_ _

WAS DICH ANTREIBT

Bitte lies die Begriffe in dem Kreis hier unten in Ruhe durch. Denke nach: Welche Wörter lösen ein positives Gefühl in dir aus und entlocken dir ein Lächeln? Was »wärmt« dich auch langfristig? Diese Begriffe lasse bitte stehen. Welche hingegen erzeugen kein positives Gefühl in dir oder stoßen dich vielleicht sogar ab? Die Wörter, die weniger auf dich zutreffen, streiche bitte durch.

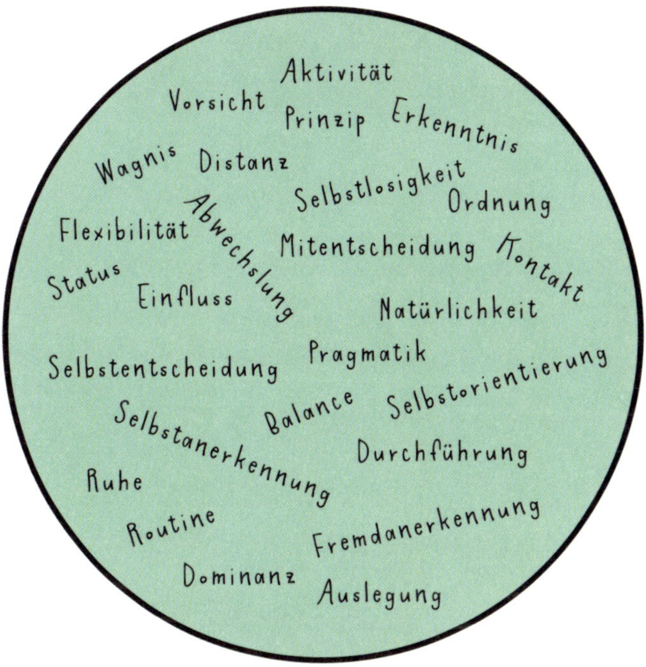

- ***Übertrage nun die sieben Begriffe, die in dir das beste Gefühl ausgelöst haben, in die folgenden Zeilen in die erste Spalte (auf der nächsten Seite). Bitte vergib anschließend Noten (1 = »sehr gut« bis 6 = »schlecht«), wie wichtig dir das jeweilige Motiv tatsächlich ist und wie gut du es derzeit leben kannst. Notiere dann, was du KONKRET tun kannst, damit du dieses Motiv in den nächsten Wochen und Monaten mehr beziehungsweise weniger leben kannst.***

Motive, die mir wichtig sind	Wie wichtig? (Note 1-6)	Wie lebe ich es? (Note 1-6)	Abweichung	Was werde ich tun? Wie kann ich dieses Motiv (mehr) leben?

➤ *Suche dir nun hieraus drei Begriffe aus, die ein warmes Gefühl in deinem Bauch hervorrufen, und bringe sie in eine Reihenfolge.*

Meine drei allerwichtigsten Begriffe:

1. ______________________________

2. ______________________________

3. ______________________________

Was hast du mit dieser Übung erreicht? Du hast einen Blick darauf geworfen, was dich im tiefsten Inneren antreibt, was dich wirklich glücklich macht. Und das sind in der Regel unsere »Motive«.

Nice to know!

ZEIG MIR DEIN MOTIV ...

Motive sind ein im Kern völlig unspezifisches Streben, das einen großen Ozean aufmacht, in dem wir herumkreuzen können. Motive sind in der Regel unveränderlich, also nicht tagesformabhängig, und begleiten uns im Prinzip unser ganzes Leben. Motive bringen uns noch nicht ins Handeln – aber sie sind das Wasser, das uns trägt.

Sieh zu, dass du jeden Tag etwas tust, das deinen Motiven entspricht. Und bringe nach und nach alle deine Lebensbereiche in Einklang mit diesen. Dann hast du die beste Grundlage für ein motiviertes, freudvolles Tun und hältst deinen positiven Antrieb immer am Brennen.

- ***Was werde ich morgen tun, um meine Motive mit mehr Leben zu füllen?***

- ***Und übermorgen?***

- ***Und am Tag danach?***

LASS MACHEN!

Freischwimmer!

Nicht alles, was in deinem Alltag gemacht werden muss, muss von dir höchstpersönlich erledigt werden. Gib Aufgaben ab, die andere Menschen genauso gut oder sogar besser machen als du. Verschaffe dir Freiräume, indem du so viel wie möglich abgibst. Das kann auch bedeuten, in deinem Netzwerk nach Partnern zu schauen (Nachbarn, Kollegen, Freunde, andere Eltern ...) oder für delegierte Leistungen zu bezahlen. Du hast zu wenig finanzielle Mittel? Frage dich: Wo kann ich zusätzliche Mittel gewinnen, damit ich diese Leistung an einen Spezialisten abgeben kann?

Idealerweise gibst du Aufgaben an die Menschen ab, die dafür ein Händchen, ein Talent haben. Dann wird die Aufgabe mit Sicherheit hervorragend erledigt. Und der andere hat sogar noch Spaß dabei! Und nun die Fragen an dich:

- ***Welche der Aufgaben, die ich bisher gemacht habe, hätte ebenso gut jemand anders machen können?***

_ _

_ _

- ***Welche Teile meiner Arbeit mag ich am liebsten, was geht mir leicht von der Hand?***

_ _

_ _

- ***Wo tue ich mich besonders schwer?***

_ _

_ _

- ***Welche Arbeiten würde ich lieber heute als morgen abgeben?***

_ _

➤ *Wer in meinem Umfeld hat bestimmte Talente? (vgl. Seite 12 ff.) Auf welche Weise könnten wir uns ergänzen?*

_ _

_ _

Folgende Aufgaben werde ich ab sofort abgeben:

1. _

An wen? _

Was ist dafür zu tun? _ _ _ _ _ _ _ _ _ _ _ _ _ _ _ _ _ _

Mein Termin: _

2. _

An wen? _

Was ist dafür zu tun? _ _ _ _ _ _ _ _ _ _ _ _ _ _ _ _ _ _

Mein Termin: _

3. _

An wen? _

Was ist dafür zu tun? _ _ _ _ _ _ _ _ _ _ _ _ _ _ _ _ _ _

Mein Termin: _

★★★ RENDEZVOUS MIT KAIROS

Had a nice day?

In der griechischen Mythologie kennen wir zwei Götter der Zeit: Chronos, den Gott der Zeitquantität (nach dem auch unsere Uhren benannt sind = Chronometer), und Kairos, den Gott der Zeitqualität.

Hast du heute schon Kairos getroffen? Und mal geschaut, welche guten Momente du heute erlebt hast? Setze dich am Abend ein paar Minuten an ein ruhiges Plätzchen und sammle die wertvollen Zeitmomente dieses Tages.

➤ ***Was war mir heute besonders wertvoll? Welche Erlebnisse, Gespräche, Eindrücke?***

Nice to know!

CARPE MOMENTUM!

Kennst du den Verein zur Verzögerung der Zeit? Werde Mitglied! Hier geht es darum, dem »schneller, höher, weiter« unserer Gesellschaft entgegenzutreten und das Leben zu entschleunigen. Besinne dich auf den Moment. Und erlebe jeden Moment mit vollem Genuss.

DAS IST DEIN TAG!

Carpe diem!

»Ein Philosophieprofessor stand vor seinen Studenten. Zu Beginn der Vorlesung nahm er einen großen Glaskrug und füllte ihn mit großen Steinen. Dann fragte er seine Studenten, ob der Krug voll sei. Sie stimmten ihm zu.
Anschließend schüttete er Kieselsteine hinein, schüttelte den Krug und die Steinchen rollten zwischen die größeren Steine. Dann fragte er seine Studenten wieder, ob der Krug voll sei. Sie stimmten wieder zu und lachten.
Der Professor nahm Sand und schüttete ihn in den Krug. Dieser füllte die letzten Zwischenräume aus.
›Nun‹, sagte der Professor zu seinen Studenten, ›ich möchte, dass Sie erkennen, dass dieser Krug wie Ihr Leben ist! Die Steine sind die wichtigen Dinge: Ihre Familie, Ihr Partner, Ihre Gesundheit, Ihre Kinder – Dinge, die – wenn alles andere wegfiele und nur sie übrig blieben – Ihr Leben immer noch erfüllen würden. Die Kieselsteine sind andere, weniger wichtige Angelegenheiten, wie Ihre Arbeit, Ihre Wohnung, Ihr Haus oder Ihr Auto. Der Sand symbolisiert die ganz kleinen Dinge im Leben. Füllten Sie den Sand zuerst in das Glas, bliebe kein Raum für die Kieselsteine oder die großen Steine. So ist es auch in Ihrem Leben: Wenn Sie all Ihre Energie für die kleinen Dinge in Ihrem Leben aufwenden, haben Sie für die großen keine mehr. Achten Sie daher auf die wichtigen Dinge. Nehmen Sie sich Zeit für Ihre Kinder oder Ihren Partner, achten Sie auf Ihre Gesundheit. Es wird noch genug Zeit geben für Arbeit, Haushalt, Partys und so weiter. Achten Sie also zuerst auf die großen Steine – sie sind es, die wirklich zählen ... Der Rest ist nur Sand.‹«
(Quelle leider unbekannt)

Wie ist das bei dir? Welche Tätigkeiten sind für dich große, wertvolle Steine? Bitte notiere deine Gedanken so genau wie möglich. Bitte schreibe dabei nicht »Familie« oder »Gesundheit«, sondern mache es genauer: Was TUST du, um den Stein »Familie« in den Krug zu legen (z.B. mit meinem Mann ins Kino gehen, mit meinem Sohn Englisch lernen, bei Regen durch den Wald laufen ...)

Welche meiner Aufgaben sind wertvolle Steine?
Welche sind Kiesel?
Welche sind Sand?

➤ *Zeichne sie in Form von Steinen in diesem Krug ein:*

WAS TUT MAN NICHT?

Eine böse Zeitfalle ist »Das tut man nicht!« Dabei halst du dir oft zu viele Aufgaben auf, weil »man« das doch tun muss. Weil du dich vielleicht noch nicht getraut hast, einmal »Nein!« zu sagen. Weil du es lieber allen recht machen willst. Deshalb ist eine gute Übung, auch mal Dinge zu tun, die du wahrscheinlich normalerweise nicht machen würdest, wie zum Beispiel eine Seite aus einem Buch herauszureißen.

Tu es Jetzt!

Reiße diese Seite aus deinem Buch!

KEINE ANGST VORM SCHEITERN

Wie viel Zeit vergeudest du in deinem Leben, weil du nicht damit anfängst oder bei spannenden Dingen nicht am Ball bleibst, nur weil du Angst hast, zu scheitern oder Fehler zu machen?

»Wer keine Fehler macht, hat nie etwas ausprobiert!«, hat der Nobelpreisträger und Erfinder der Relativitätstheorie Albert Einstein gesagt. Recht hat(te) er. Deshalb darfst du Fehler machen. Und das gibst du dir jetzt schriftlich:

➤ ***Schneide das Zertifikat aus und trage es jederzeit bei dir!***

Ich ______________________________

gestehe mir ab heute feierlich zu, Fehler machen zu dürfen und auch scheitern zu dürfen.

Wer scheitert, wird gescheiter!

____

Ort, Datum

____

Unterschrift

MOTIVATIONSKICK HELDENWAND

In der Regel schauen wir immer darauf, was noch nicht so gut läuft in unserem Leben, was wir an diesem Tag noch nicht geschafft haben. Schade. Denn der Blick auf das Negative zieht uns runter.

Richte den Blick deshalb jetzt mal bewusst auf das Positive und gehe abends mit einem superzufriedenen Gefühl ins Bett. Rufe dir dazu die Erfolge des Tages ins Gedächtnis und schreibe sie auf. Oder gestalte dir deine »Heldenwand« an der Schlafzimmertüre, indem du dort jeden Abend drei Post-its mit deinen Erfolgen hinklebst. Am Morgen siehst du dann sofort, was am Vortag gut gelaufen ist und startest gut gelaunt in den neuen Tag.
Frage dich doch vor dem Ins-Bett- Gehen:

- Was ist heute gut gelaufen?
- Was habe ich alles geschafft?
- Was hat mir Freude gemacht?
- Wem habe ICH heute Freude bereitet?
- Inwiefern konnte ich innerlich wachsen?

Heureka!

PRIORITÄTEN IM JOB ERKENNEN

Auch im Job ist es wichtig, dass du weißt, was gerade wichtig ist. Denn nur, wenn du dir darüber im Klaren bist, kannst du abwägen und deine Aufgaben so anpacken, dass du das Wichtige tust und das Unwichtige lässt.

- ***Was an meinem Arbeitsplatz ist momentan wichtig?***

- ***Verändern sich die Prioritäten schneller, als ich schauen kann?***

- ***Wie will ich damit umgehen?***

- ***Wer kann mir mal eine grundsätzliche Anweisung geben, wie ich erkennen kann, was Priorität hat?***

- ***Gebe ich selbst klar an meine Kollegen und Mitarbeiter weiter, was gerade ansteht? Oder tappen die im Dunkeln?***

- ***Für was bin ich eingestellt?***

- ***Für welche Aufgaben/Tätigkeiten werde ich bezahlt?***

RÜCKBLICK MIT EINER HAND

Eine wunderbare Methode, um sich die Erfolge des Tages (der Woche, des Jahres ...) bewusst zu machen, ist der Rückblick an einer Hand.

» ***Schreibe deinen persönlichen Rückblick an die Hand.***

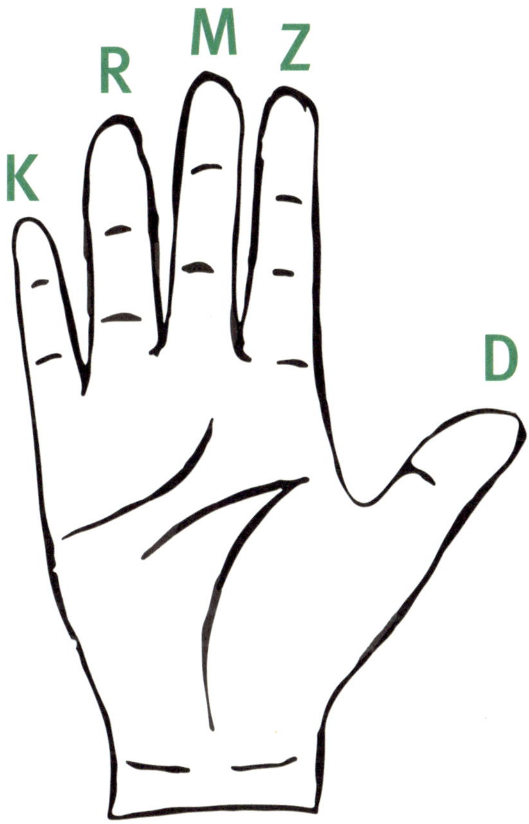

Kleiner Finger = K-örper
Was habe ich für meinen Körper, für meine Gesundheit getan?
Was hat mir gutgetan?
Was hat mich Kraft gekostet?

Ringfinger = R-atgeber
Durch welchen Rat konnte ich anderen weiterhelfen?
Wer war mir ein guter Ratgeber?

Mittelfinger = M-itmenschen
Welche Erlebnisse hatte ich mit meinen Mitmenschen?
Welche neuen Menschen habe ich kennengelernt? Von wem habe ich mich verabschiedet?

Zeigefinger = Z-iele
Was habe ich alles gemacht, um mich meinen persönlichen Zielen ein Stück näher zu bringen?

Daumen = D-azulernen
Was habe ich gelernt?
Welche Fehler habe ich gemacht, die mir so schnell nicht wieder passieren?
Was war mein schönstes Erlebnis? Der schönste Moment?

ZUM SCHLUSS

Du bist am Ende deines Übungshefts angekommen. Ich hoffe, es hat dir Spaß gemacht und dich mit deiner Zeit versöhnt.

Nimm diese Impulse ruhig immer wieder zur Hand und mache dir weitere Notizen. Sieh das Üben mit dem Heft als Auftakt, dich bei Bedarf ein paar Minuten extra mit deinem Zeit- und Selbstmanagement zu beschäftigen. Diese Form der Selbstorganisation ist etwas, das dich dein ganzes Leben begleiten und sich verändern kann und darf. Schließlich veränderst du dich ja auch.
Viel Spaß also beim Am-Ball-Bleiben und Ausprobieren. Und vielleicht lernen wir uns ja einmal persönlich kennen: in einem meiner Seminare, im Coaching oder auf einem Vortrag.

Dir weiterhin alles Gute!

ÜBER DIE AUTORIN

Cordula Nussbaum gilt als »Deutschlands bekannteste Organisationsexpertin« (WDR) und »führende Zeitmanagementexpertin« (RTL). FOCUS TV sagte über sie: »Cordula Nussbaum hat eine Mission. Sie will mit verstaubten Ansichten von Selbstmanagement aufräumen.« Stiftung Warentest kürte ihren Ratgeber »Organisieren Sie noch oder leben Sie schon?« zum Testsieger.

Mehr Tipps von Cordula Nussbaum erhältst du hier:

- News-to-use – der monatliche Coachingbrief für mehr Zeit und Zufriedenheit (gratis via www.kreative-chaoten.com)
- www.GlüXX-Factory.de – der Selbstmanagement-BLOG
- www.Gehtjadoch.com – das eCoaching für ein erfülltes Leben
- Kreatives Zeitmanagement – der Podcast (gratis via www.GlüXX-Factory.de)

Weitere Bücher der Autorin:

- *Organisieren Sie noch oder leben Sie schon? Zeitmanagement für Kreative Chaoten*, Campus
- *Bunte Vögel fliegen höher, Die Karrieregeheimnisse der Kreativen Chaoten*, Campus
- *Geht ja doch! Wie Sie mit 5 Fragen Ihr Leben verändern*, Gabal
- *Der kleine Coach: Familien-Alltag locker im Griff*, GU

ÜBUNGSREGISTER

★★★

LEICHT, GEHT RUCKZUCK

★★★

MITTELSCHWER, DAUERT NICHT SO LANGE

★★★

ANSPRUCHSVOLL, BENÖTIGT ETWAS MEHR ZEIT

IMPRESSUM

Projektleitung: Claudia Böhm
Lektorat: Anna Cavelius
Layout & Umschlaggestaltung:
independent Medien-Design
GmbH, Horst Moser, München
Herstellung: Renate Hutt
Satz: L42 Media Solutions Ltd., Berlin
Reproduktion: medienprinzen GmbH, München
Druck: F+W Druck- und Mediencenter, Kienberg
Bindung: Conzella, Pfarrkirchen
ISBN 978-3-8338-4838-4
2. Auflage 2015
Die GU-Homepage finden Sie unter www.gu.de

Bildnachweis
Illustrationen: www.pfau-illustrationen.de
Syndication: www.jalag-syndication.de

Wichtiger Hinweis
Die Gedanken, Methoden und Anregungen in diesem Buch stellen die Meinung bzw. Erfahrung der Verfasserin dar. Sie wurden von der Autorin nach bestem Wissen erstellt und mit größtmöglicher Sorgfalt geprüft. Sie bieten jedoch keinen Ersatz für persönlichen kompetenten Rat. Jede Leserin, jeder Leser ist für das eigene Tun und Lassen auch weiterhin selbst verantwortlich. Weder Autorin noch Verlag können für eventuelle Nachteile oder Schäden, die aus den im Buch gegebenen praktischen Hinweisen resultieren, eine Haftung übernehmen.

QUALITÄTS G|U GARANTIE

Liebe Leserin, lieber Leser,

haben wir Ihre Erwartungen erfüllt? Sind Sie mit diesem Buch zufrieden? Haben Sie weitere Fragen zu diesem Thema? Wir freuen uns auf Ihre Rückmeldung, auf Lob, Kritik und Anregungen, damit wir für Sie immer besser werden können.

GRÄFE UND UNZER Verlag
Leserservice
Postfach 86 03 13
81630 München
E-Mail:
leserservice@graefe-und-unzer.de

Telefon: 00800 / 72 37 33 33*
Telefax: 00800 / 50 12 05 44*
Mo–Do: 9.00 – 17.00 Uhr
Fr: 9.00 – 16.00 Uhr
(gebührenfrei in D, A, CH)*

Ihr GRÄFE UND UNZER Verlag
Der erste Ratgeberverlag – seit 1722.

www.facebook.com/gu.verlag

GRÄFE UND UNZER

Ein Unternehmen der
GANSKE VERLAGSGRUPPE